THE GOSPEL PROJECT®

성탄과 부활

THE GOSPEL PROJECT®

가스펠 프로젝트

성탄과 부활

중고등부

지은이 · LifeWay Students
옮긴이 · 손정훈, 송진순, 심정훈, 오주영, 최광일
감수 · 김병훈
발행일 · 2019년 11월 20일
등록번호 · 제1988-000080호
등록된 곳 · 서울특별시 용산구 서빙고로65길 38
발행처 · 사단법인 두란노서원
영업부 · 02-2078-3352, 3452, 3781, 3752 FAX 080-749-3705
편집부 · 02-2078-3437
디자인 · 더그램플러스

책값은 뒤표지에 있습니다.
ISBN 978-89-531-3605-2 44230

가스펠 프로젝트 홈페이지 · gospelproject.co.kr
두란노몰 · mall.duranno.com

차례

발간사

두란노서원을 통해 라이프웨이(LifeWay)의 《가스펠 프로젝트》 성경 공부 교재 시리즈를 발간할 수 있도록 인도하신 하나님께 감사드립니다. 험한 소리로 가득한 세상에 이 책을 다릿돌처럼 놓습니다. 우리 삶은 말씀을 만난 소리로 풍성해져야 합니다. 주님을 만난 기쁨의 소리, 진실 앞에서 탄식하는 소리, 죄를 씻는 울음소리, 소망을 품은 기도 소리로 가득해야 합니다.

《가스펠 프로젝트》는 신구약을 관통하는 예수 그리스도의 복음을 발견하고, 그 가르침을 삶에 적용하는 지혜를 얻도록 기획한 성경 공부 교재입니다. 어린아이부터 어른에 이르기까지 생애주기에 따른 복음 메시지를 잘 배울 수 있습니다. 또한, 거짓 진리가 미혹하는 이 시대에 건강한 신학과 바른 교리로 말씀을 조명하여 성도의 신앙이 좌로나 우로나 치우치지 않도록 돕습니다.

두란노서원은 지금까지 "오직 성경, 복음 중심, 초교파적 관점"을 바탕으로 한국 교회와 성도를 꾸준히 섬겨 왔습니다. 오직 성경의 정신에 입각해 책과 잡지를 출판해 왔으며, 성경에 근거한 복음 중심의 신학을 포기한 적이 없습니다. 그리고 교단과 교파를 초월하여 교회와 성도가 하나님 나라를 바라볼 수 있도록 돕기 위해 노력해 왔습니다. 《가스펠 프로젝트》는 두란노가 지켜 온 세 가지 가치를 충실하게 담은 책입니다.

성경은 구원을 위한 책이며, 구원사의 주인공은 예수 그리스도입니다. 창세기부터 요한계시록까지 오직 예수 그리스도의 복음만을 전하는 《가스펠 프로젝트》 성경 공부 교재를 통해 복음의 은혜와 진리를 깊이 경험하고, 복음 중심의 삶이 마음 판에 새겨지기를 바랍니다. 그리고 예수 그리스도 복음에 굳게 선 한 사람의 영향력이 가정과 교회와 사회에 흘러감으로써 거룩한 하나님 나라가 확산되어 가기를 소망합니다.

두란노서원 원장 **이 형 기**

감수사

《가스펠 프로젝트》는 전통적으로 교회가 풀어 온 흐름을 충실히 따라 성경을 해설하고, 그 방향은 예수 그리스도로 향합니다. 이것은 모든 성경이 예수님을 가리키고 있다고 하신 말씀에 비추어 매우 타당합니다. 게다가 그리스도 중심적 해설이 과도하지도 않습니다. 하나님의 구원 언약과 그것을 실현하시는 하나님을 드러내면서, 그리스도의 예표적 설명이 가능한 사건을 놓치지 않고 풀어내고 있습니다.

성경 공부 교재는 명시적으로 혹은 암시적으로 제시하는 교리적 진술이 교리 체계상 건전해야 합니다. 《가스펠 프로젝트》는 건전성을 확인할 수 있도록 일목요연하게 교리를 제시하는데 이는 교파를 막론하고, 예수 그리스도의 복음에 충실한 복음주의 교회들에게 환영받을 만합니다. 물론 교파마다 약간의 이견을 갖는 부분이 있을 수 있겠지만 각 교회에서 교재를 활용하는 데는 무리가 없을 것입니다. 또 학습한 내용을 핵심교리와 연결해 줌으로써 그리스도의 복음과 관련한 교리적 이해를 강화시켜 주는 특징이 있습니다.

《가스펠 프로젝트》의 훌륭한 장점은 학습자를 하나님과 그리스도의 복음으로 이끌고 신앙과 삶을 돌아보도록 하는 훈련 효과입니다. 본문을 적용해 볼 수 있을 뿐 아니라 선교적 안목을 깨닫게 해 주는 질문을 더해 주어 큰 유익을 주고 있습니다.

이 교재는 예수 그리스도의 구원 사역을 보여 주는 두 사건에 초점을 맞추었습니다. 하나는 그분의 백성을 구원하기 위해 '낮아지신' 탄생 사건이며, 다른 하나는 구원 사역을 완성하고 다시 영광받으며 '높아지신' 부활 사건입니다. 《가스펠 프로젝트》를 통해 성경 전체를 공부하면서, 추가적으로 예수 그리스도의 탄생과 부활과 관련한 교훈을 성탄 기념일과 부활 기념일 즈음에 공부하는 것은 아주 유익합니다.

합동신학대학원대학교 조직신학 교수 김 병 훈

추천사

우리 시대의 전 세계적 교회 부흥은 두 가지 샘을 가지고 있습니다. 한 샘은 오순절 부흥 운동의 샘입니다. 이 샘으로 많은 시대의 목마른 영혼들이 목마름을 해갈했습니다. 또 하나의 샘은 성경 연구의 샘입니다. 남침례교 주일학교 운동은 이 샘의 개척자입니다. 이 샘으로 지금도 많은 성도가 목마름을 해갈하고 있습니다. 미국 남침례교 라이프웨이 출판사는 이러한 사역을 충실히 감당해 왔습니다. 《가스펠 프로젝트》는 모든 필요를 공급하는 원천이 될 것입니다. 《가스펠 프로젝트》로 한국 교회의 목마름이 해갈되기를 기도합니다. 《가스펠 프로젝트》는 쉬우면서도 결코 피상적이지 않습니다. 믿음의 단계를 따라 하나님의 자녀들에게 꼭 필요한 복음의 진수를 맛보게 해 줄 것입니다. 이 체계적인 교재로 이 땅에 새로운 영적 르네상스가 일어나기를 기대합니다.

이동원 _ 지구촌교회 원로목사, 지구촌 미니스트리 네트워크 대표

성경은 그 깊이와 너비를 측량하기 어려운 광활한 바다입니다. 이 바다를 무턱 대고 항해하다 보면 장구한 역사의 파도와 다양한 문학 양식이라는 바람에 의해 표류하기 쉽습니다. 그런 점에서 《가스펠 프로젝트》는 참 훌륭한 나침반입니다. 건전한 교리를 바탕으로 성경 어디에서나 그리스도를 발견하도록 돕고, 복음이라는 항구에 이르도록 이끌어 줍니다. 말씀의 바다를 항해하는 모든 분들에게 큰 유익을 줄 것입니다. 기쁜 마음으로 추천합니다.

허요환 _ 안산제일교회 담임 목사

성경은 예수 그리스도를 중심으로 하는 하나님의 구원 이야기입니다. 성경을 가르치는 일은 하나님의 구원에 동참하는 하나님의 사람을 만드는 일이며, 하나님의 사람의 탁월한 모델은 바로 예수 그리스도입니다. 《가스펠 프로젝트》는 예수 그리스도를 중심으로 성경을 배웁니다. 성경이 어떻게 그리스도와 연결되어 있는지, 또 성도의 삶이 그리스도를 중심으로 하는 하나님의 구원 계획에 어떻게 연결되어야 하는지 구체적으로 제시합니다.

특히 《가스펠 프로젝트》는 하나의 본문을 각 연령에 맞게 구성한 교재를 제공해 하나의 본문으로 전 세대를 연결하고, 가정과 교회를 하나 되게 합니다. 신앙의 전수가 중요한 시대에 성도와 교회와 가정이 한마음으로 다음 세대를 준비시키기에 적합합니다. 특히 가정에서 부모가 자녀와 말씀으로 대화를 나눌 수 있게 해 자녀 신앙 교육에 도움이 될 것입니다.

《가스펠 프로젝트》가 주일학교부터 장년에 이르기까지 전 교회와 성도의 각 가정에서 사용되어 예수 그리스도를 통한 하나님의 가스펠 프로젝트가 성취되기를 기도하면서 기쁨과 확신으로 추천합니다.

이재훈 _ 온누리교회 담임 목사

《가스펠 프로젝트》는 성경을 예수 그리스도 중심으로 심도 있게 살피도록 도우면서, 또한 그것을 이야기 형식으로 제시하며 실질적으로 적용하도록 이끄는 탁월함이 보입니다. 이는 청소년들이 자연스럽게 주변 또래들에게 자신이 경험한 예수 그리스도와 복음에 대해 나눌 수 있게 합니다.

왕동식 _ 서울YFC(십대선교회) 대표, 청소년사역자 협의회 회장

《가스펠 프로젝트》는 복음주의적인 관점에서 성경을 이해하며 성경적 가치관을 형성하는 데 큰 도움을 줍니다. 특히 예수 그리스도를 모든 과에서 그 중심에 두어 구속사적으로 이해할 수 있도록 돕습니다. 또한 각 과별 주제도 친근할 뿐 아니라 다음 세대의 눈높이에 맞추고 있어서 적극 추천합니다.

황성건 _ (사)청소년선교횃불 대표, 소금과빛 국제학교 운영 이사

《가스펠 프로젝트》는 하나님의 말씀으로 우리를 초청해서 예수 그리스도를 만나게 하고 사랑하게 만드는 훌륭한 교재입니다. 자녀들이 교회 학교에서, 부모들이 소그룹에서 말씀을 공부한 후에 저녁 식탁에 둘러앉아 예수님에 대해 함께 나눌 수 있다는 것은, 상상만 해도 너무나도 멋지고 복된 일입니다.

김지철 _ 전 소망교회 담임 목사

《가스펠 프로젝트》를 펼치는 순간 가슴이 뛰었습니다. 이 시대를 살아가는 모든 그리스도인에게 꼭 필요한 성경의 핵심적 내용을 쉬우면서도 흥미롭게 펼쳐 내면서 성경을 깊이 알아 가는 기쁨과 구체적인 적용을 돕고 있기 때문입니다. 무엇보다도 가장 뛰어난 점은, 성경의 중심이 되는 예수님을 충실하게 드러낸다는 점입니다. 그러므로 복음 프로젝트를 성실하게 따라가다 보면 예수님을 통해 완성하시는 하나님의 구원 역사 프로젝트가 드러날 것이고, 나아가 하나님 나라가 우리 삶에 한층 가까워질 것입니다. 이 시리즈를 통해 체계적인 '가정 제자 훈련'과 '성경 공부'를 정착시키는 가운데 한국 교회와 이민 교회에 거룩한 부흥의 불길이 일어나길 기대합니다.

류응렬 _ 와싱톤중앙장로교회 담임 목사, 고든콘웰신학대학원 객원 교수

성경이 가르치는 구원의 도리인 교리를 성경 본문을 통해 배우기가 쉽지 않기 때문에 좋은 안내서가 필요합니다.《가스펠 프로젝트》는 이와 같은 역할을 탁월하게 수행하고 있기 때문에 기쁜 마음으로 추천합니다.

이성호 _ 고려신학대학원 역사신학 교수

사역 현장에서는 하나님의 말씀을 효율적으로 가르칠 수 있는 좋은 방법과 교재에 늘 목말라합니다. 그런 점에서 그 필요를 잘 충족해 줄 교재가 출간되어 기쁜 마음으로 추천합니다.

김운용 _ 장로회신학대학교 실천신학 교수

일러두기

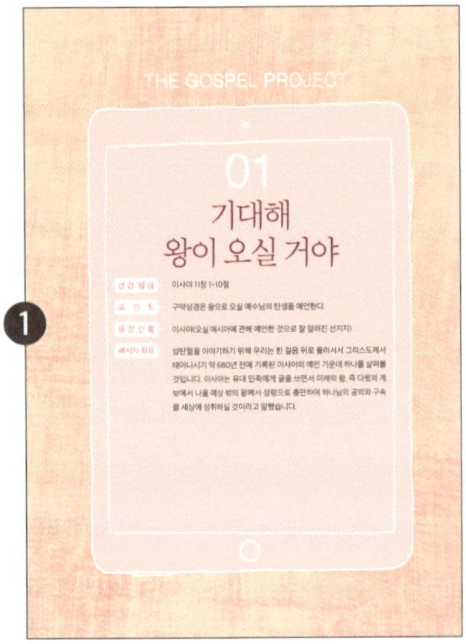

❶ INTRO

'HIS STORY'에서 다룰 내용을 간략히 소개하면서 시작합니다. '성경 말씀'에서는 해당 성경 구절을, '포인트'에서는 핵심 내용을, '등장인물'에서는 본문에 누가 나오는지를, '메시지 좌표'에서는 본문에서 다루는 내용을 소개합니다.

❷ HIS STORY

성경의 개요를 따르며 하나님이 구속사에서 행하신 역사에 초점을 맞춰 본문을 살펴봅니다. 본문과 연결되는 기독교 핵심 교리를 소개하는 '알짬 교리 99', 성경을 시간 순으로 바라보도록 그림과 함께 정리한 '연대표', 본문과 주제가 어떻게 예수 그리스도를 가리키는지 그 상관성을 살피는 '그리스도와의 연결'이 있습니다.

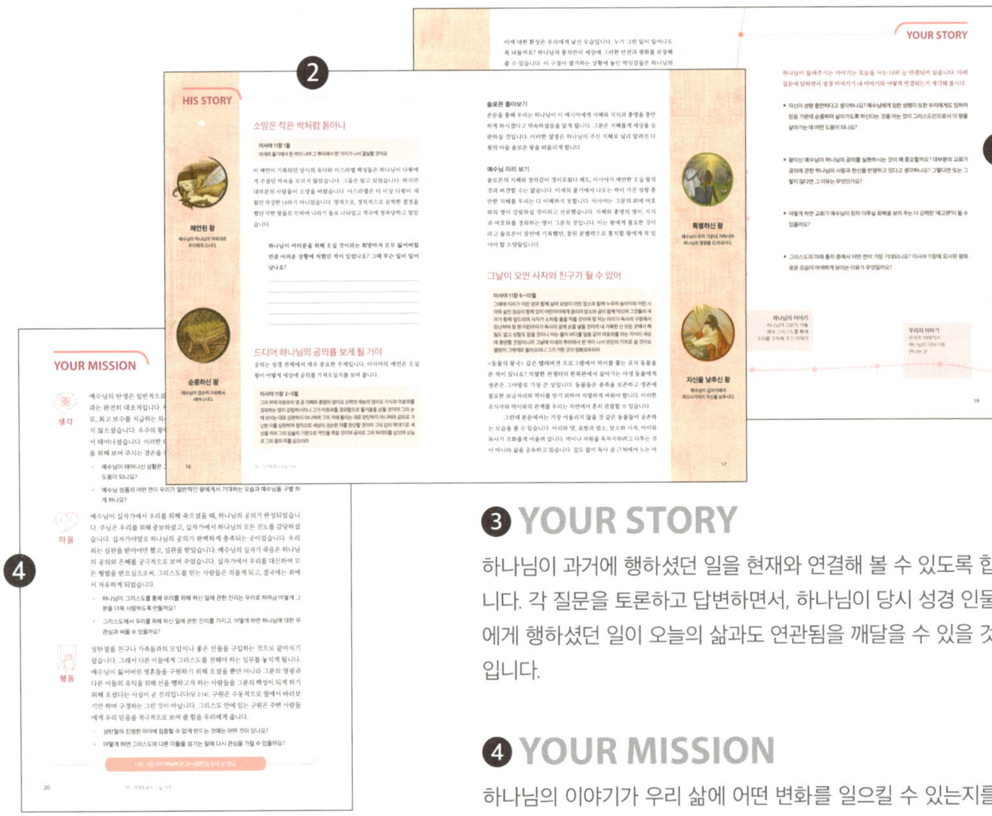

❸ YOUR STORY

하나님이 과거에 행하셨던 일을 현재와 연결해 볼 수 있도록 합니다. 각 질문을 토론하고 답변하면서, 하나님이 당시 성경 인물에게 행하셨던 일이 오늘의 삶과도 연관됨을 깨달을 수 있을 것입니다.

❹ YOUR MISSION

하나님의 이야기가 우리 삶에 어떤 변화를 일으킬 수 있는지를 보게 합니다. 단순한 성경 지식 공부를 넘어서, 사명감을 가지고 이 세상을 살아가라는 하나님의 부르심을 깨닫는 시간이 될 것입니다.

가스펠 프로젝트 홈페이지(gospelproject.co.kr)에서 다양한 자료를 만나 볼 수 있습니다.

첫 번째
이야기

우리에게 오신

예수님

이사야, 빌립보서, 요한복음

알짬 구절

요한복음

1장 14절

말씀이 육신이 되어 우리 가운데 거하시매
우리가 그의 영광을 보니 아버지의 독생자의 영광이요
은혜와 진리가 충만하더라

THE GOSPEL PROJECT

01

기대해 왕이 오실 거야

성경 말씀 이사야 11장 1~10절

포인트 구약성경은 왕이신 예수님의 탄생을 예언한다.

등장인물 이사야(오실 메시아에 관해 예언한 것으로 잘 알려진 선지자)

메시지 좌표 성탄절을 이야기하기 위해 우리는 그리스도께서 태어나시기 약 680년 전에 기록된 이사야의 예언 가운데 하나를 살펴볼 것입니다. 이사야는 유대 민족에게 글을 쓰면서 미래의 왕, 즉 다윗가에서 나올 왕께서 성령으로 충만하여 하나님의 공의와 구속을 세상에 성취하실 것이라고 말했습니다.

예언된 왕

예수님이 하나님의 약속대로
우리에게 오시다.

순종하신 왕

예수님이 겸손히 구유에서
태어나시다.

소망은 작은 싹처럼 돋아나

이사야 11장 1절
이새의 줄기에서 한 싹이 나며 그 뿌리에서 한 가지가 나서 결실할 것이요

이 예언이 기록되던 당시의 유다와 이스라엘 백성들은 하나님이 다윗에게 주셨던 약속을 모르지 않았습니다. 그들은 알고 있었습니다. 하지만 대부분의 사람들이 소망을 버렸습니다. 이스라엘은 더 이상 다윗이 세웠던 막강한 나라가 아니었습니다. 영적으로, 정치적으로 끔찍한 결정을 했던 악한 왕들로 인하여 나라가 둘로 나뉘었고 적국에 정복당하고 말았습니다.

하나님이 여러분을 위해 오실 것이라는 희망마저 모두 잃어버릴 만큼 어려운 상황에 처했던 적이 있었나요? 그때 무슨 일이 일어났나요?

____

____

____

____

____

드디어 하나님의 공의를 보게 될 거야

공의는 성경 전체에서 매우 중요한 주제입니다. 이사야의 예언은 오실 왕이 어떻게 세상에 공의를 가져오실지를 보여 줍니다.

이사야 11장 2~5절
그의 위에 여호와의 영 곧 지혜와 총명의 영이요 모략과 재능의 영이요 지식과 여호와를 경외하는 영이 강림하시리니 그가 여호와를 경외함으로 즐거움을 삼을 것이며 그의 눈에 보이는 대로 심판하지 아니하며 그의 귀에 들리는 대로 판단하지 아니하며 공의로 가난한 자를 심판하며 정직으로 세상의 겸손한 자를 판단할 것이며 그의 입의 막대기로 세상을 치며 그의 입술의 기운으로 악인을 죽일 것이며 공의로 그의 허리띠를 삼으며 성실로 그의 몸의 띠를 삼으리라

솔로몬 돌아보기

본문을 통해 우리는 하나님이 약속하신 메시아가 지혜와 지식과 총명으로 충만하심을 알 수 있습니다. 그분은 세상을 지혜롭게 심판하실 것입니다. 이 구절의 묘사는 다윗의 아들 솔로몬 왕을 떠올리게 하는데 그는 하나님이 주신 지혜로 유명합니다.

예수님 바라보기

솔로몬의 지혜와 정의감이 경이로웠다 해도, 이사야가 예언한 오실 왕의 것과 비견할 수는 없습니다. 이새의 줄기에서 나오는 싹이신 분이 가진 성령 충만한 지혜는 우리가 이해할 수 있는 범위를 넘어섭니다. 이사야는 그분의 위에 여호와의 영이 강림하실 것이라고 선포했습니다. 지혜와 총명의 영이, 지식과 여호와를 경외하는 영이 그분의 것입니다. 이것들은 왕에게 필요한 것이라고 솔로몬이 잠언에 기록했던 것이고, 참된 분별력으로 통치할 왕에게 꼭 있어야 할 것들입니다.

그날이 오면 사자와 친구가 될 수 있어

이사야 11장 6~10절

그때에 이리가 어린 양과 함께 살며 표범이 어린 염소와 함께 누우며 송아지와 어린 사자와 살진 짐승이 함께 있어 어린아이에게 끌리며 암소와 곰이 함께 먹으며 그것들의 새끼가 함께 엎드리며 사자가 소처럼 풀을 먹을 것이며 젖 먹는 아이가 독사의 구멍에서 장난하며 젖 뗀 어린아이가 독사의 굴에 손을 넣을 것이라 내 거룩한 산 모든 곳에서 해됨도 없고 상함도 없을 것이니 이는 물이 바다를 덮음같이 여호와를 아는 지식이 세상에 충만할 것임이니라 그날에 이새의 뿌리에서 한 싹이 나서 만민의 기치로 설 것이요 열방이 그에게로 돌아오리니 그가 거한 곳이 영화로우리라

<동물의 왕국> 같은 텔레비전 프로그램에서 먹이를 쫓는 포식 동물을 본 적이 있나요? 치열한 전쟁터의 한복판에서 살아가는 야생 동물에게 생존은 그야말로 가장 큰 상입니다. 동물들은 종족을 보존하고 생존에 필요한 보금자리와 먹이를 얻기 위하여 치열하게 싸워야 합니다. 이러한 포식자와 먹이와의 관계를 우리는 자연에서 흔히 관찰할 수 있습니다.

그런데 본문에서는 잡아먹고 잡아먹히는 동물들이 함께하는 모습을 볼 수 있습니다. 이리와 양, 표범과 염소, 암소와 사자, 아이와 독사가 조화롭게 어울려 삽니다. 먹이나 자원을 독차지하려고 다투는 것이 아니라 삶을 공유하고 있습니다. 과연 어린아이가 독사 굴에서 노는 것을 보

성자 하나님이신 왕

예수님이 하나님을 계시하시다.

자신을 낮추신 왕

예수님이 십자가에서
죽으시기까지 자신을 낮추시다.

고 그냥 놔둘 사람이 있을까요? 그러나 독사가 어린아이를 절대 해치지 않음을 확신하는 사람은 그럴 수 있을 것입니다. 이사야의 예언에서는 어린아이나 약한 동물이 두려움 없이 맹수와 더불어 지냅니다. 그들은 위험을 느끼지도 않습니다, 진정으로 평화로운 세상에서 살아갑니다.

알짬 교리 **99**

왕이신 그리스도

하나님은 하늘에서나 땅에서나 영원토록 그분의 나라를 다스리시는 왕입니다. 그런데 두 영역의 피조물 가운데 일부가 그분께 반역하였으며, 그 여파로 세상이 파괴되었습니다. 무너진 세상을 회복하기 위해 하나님은 그분의 백성을 구원하고 모든 피조물을 회복시킬 왕을 보내겠다고 약속하셨습니다. 장차 오실 왕에 관한 약속은 예수 그리스도 안에서 성취되었고, 예수님이 그분의 신부인 교회를 위해 다시 오실 때 완전히 성취될 것입니다.

고난받으신 왕

예수님이 고난과 죽임을
당하고 부활하시다.

부활의 첫 열매이신 왕

예수님이 부활하심으로써
우리에게 부활의 소망을 주시다.

그리스도와의 연결

처음부터 하나님은 그분의 나라를 세우기로 하셨고, 그분의 나라는 복음을 통해 온전히 실현되었습니다. 우리는 그리스도의 희생과 부활을 통해 하나님의 백성으로 구원받았습니다. 지금 우리는 다시 오실 왕과 그분의 나라에 대해 전하도록 부름받았습니다.

성탄절은 우리가 그리스도의 오심을 생각하는 시간입니다. 첫째, 우리는 하나님의 아들이 사람이 되어서 우리를 구원하기 위해 자신을 바쳤던 과거에 오셨던 예수님을 봅니다. 둘째, 하나님의 구속하시는 공의를 실현할 왕으로서 미래에 우리의 세상으로 다시 오실 주님을 봅니다.

그때까지 우리는 성령을 통해, 회개하고 복음을 믿는 사람들의 삶과 마음에 찾아오시는 구원자에 관한 소식을 세상에 전해야 합니다. 그리스도께서 오셔서 구원을 베풀어 주실 수 있도록 다시 오실 예수님을 기다리면서 우리의 이웃에게 복음을 전합시다.

YOUR STORY

하나님이 들려주시는 이야기는 오늘을 사는 나와 늘 연결되어 있습니다. 아래 질문에 답하면서 성경 이야기가 내 이야기와 어떻게 연결되는지 생각해 봅시다.

▶ 자신이 성령 충만하다고 생각하나요? 예수님에게 임한 성령이 또한 우리에게도 임하여 믿음 가운데 순종하며 살아가도록 하신다는 것을 아는 것이 그리스도인으로서 이 땅을 살아가는 데 어떤 도움이 되나요?

▶ 왕이신 예수님이 하나님의 공의를 실현하시는 것이 왜 중요할까요? 대부분의 교회가 공의에 관한 하나님의 사랑과 헌신을 반영하고 있다고 생각하나요? 그렇다면 또는 그렇지 않다면 그 이유는 무엇인가요?

▶ 어떻게 하면 교회가 예수님이 장차 이루실 회복을 보여 주는 더 강력한 '예고편'이 될 수 있을까요?

▶ 그리스도의 미래 통치 중에서 어떤 면이 가장 기대되나요? 이사야 11장에 묘사된 평화로운 모습이 어색하게 보이는 이유가 무엇일까요?

하나님의 이야기
하나님이 그분의 아들
예수 그리스도를 통해
우리를 구속해 주신 이야기

우리의 이야기
우리의 이야기가
하나님의 이야기와
만나는 곳

YOUR MISSION

생각

예수님의 탄생은 일반적으로 왕족의 아기가 태어난 것을 기념하는 세상의 방식과는 완전히 대조적입니다. 세상 왕들은 보통 사회의 엘리트들에게 둘러싸인 채로, 최고 보수를 지급하는 의사들의 보호하에 태어납니다. 그런데 예수님은 그렇지 않으셨습니다. 우주의 왕이신 분이 동물들과 목자들에게 둘러싸인 말구유에서 태어나셨습니다. 이러한 대조는 예수님이 소유하신 성품의 특징과 자기 백성을 위해 보여 주시는 겸손을 강조합니다.

- 예수님이 태어나신 상황은 그분의 통치가 다른 왕들과 어떻게 다른지 이해하는 데 어떤 도움이 되나요?
- 예수님 성품의 어떤 면이 우리가 일반적인 왕에게서 기대하는 모습과 예수님을 구별 하게 하나요?

마음

예수님이 십자가에서 우리를 위해 죽으셨을 때, 하나님의 공의가 완성되었습니다. 주님은 우리를 위해 중보하셨고, 십자가에서 하나님의 모든 진노를 감당하셨습니다. 십자가야말로 하나님의 공의가 완벽하게 충족되는 곳이었습니다. 우리 죄는 심판을 받아야만 했고, 심판을 받았습니다. 예수님의 십자가 죽음은 하나님의 공의와 은혜를 궁극적으로 보여 주었습니다. 십자가에서 우리를 대신하여 모든 형벌을 받으심으로써, 그리스도를 믿는 사람들은 의롭게 되고, 결국에는 죄에서 자유하게 되었습니다.

- 하나님이 그리스도를 통해 우리를 위해 하신 일에 관한 진리는 우리로 하여금 어떻게 그분을 더욱 사랑하도록 만들까요?
- 그리스도께서 우리를 위해 하신 일에 관한 진리를 가지고, 어떻게 하면 하나님에 대한 무관심과 싸울 수 있을까요?

행동

성탄절을 친구나 가족들과의 모임이나 좋은 선물을 구입하는 것으로 끝마치기 쉽습니다. 그래서 다른 이들에게 그리스도를 전해야 하는 임무를 놓치게 됩니다. 예수님이 잃어버린 영혼들을 구원하기 위해 오셨을 뿐만 아니라 그분의 영광과 다른 이들의 유익을 위해 선을 행하고자 하는 사람들을 그분의 백성이 되게 하기 위해 오셨다는 사실이 곧 진리입니다(딛 2:14). 구원은 수동적으로 옆에서 바라보기만 하며 구경하는 그런 것이 아닙니다. 그리스도 안에 있는 구원은 주변 사람들에게 우리 믿음을 적극적으로 보여 줄 힘을 우리에게 줍니다.

- 성탄절의 진정한 의미에 집중할 수 없게 만드는 것에는 어떤 것이 있나요?
- 어떻게 하면 그리스도와 다른 이들을 섬기는 일에 다시 관심을 가질 수 있을까요?

다음 모임까지 **이사야 9:6; 11:1~10; 예레미야 23:5~8**을 읽어 보세요.

THE GOSPEL PROJECT

02 예수님이 들려주시는 겸손한 순종의 노래

성경 말씀 빌립보서 2장 5~11절

포 인 트 하나님은 그리스도께서 보여 주신 겸손한 종의 자세를 취하라고 말씀하신다.

등 장 인 물 예수님(하나님의 아들, 성자 하나님)

메시지 좌표 이 과에서는 바울이 빌립보 교회에 보낸 편지를 살펴볼 것입니다. 초대교회에서 불렀을 법한 찬송가를 엿볼 수 있는데, 예수님이 누구시며 우리를 위해 어떤 일을 하셨는지를 되새기는 내용의 성탄절 찬양이라고 할 수 있습니다. 성탄절을 밝게 비춰 주는 이 찬양을 통해 그리스도를 좀 더 알아가고, 더욱 갈망하게 되기를 바랍니다.

HIS STORY

예언된 왕

예수님이 하나님의 약속대로
우리에게 오시다.

순종하신 왕

예수님이 겸손히 구유에서
태어나시다.

하늘에서 땅까지 예수님은 겸손하셨어

빌립보서 2장 5~7절
너희 안에 이 마음을 품으라 곧 그리스도 예수의 마음이니 그는 근본 하나님의 본체시나 하나님과 동등됨을 취할 것으로 여기지 아니하시고 오히려 자기를 비워 종의 형체를 가지사 사람들과 같이 되셨고

예수님은 우리가 하나님 아버지와 영원히 함께 거할 수 있도록 우리를 위해서 엄청난 희생을 치르셨습니다. 사도 바울이 기록했듯이, 예수님은 우리가 그분 안에서 부요하게 되도록 스스로 가난하게 되심으로써 우리를 향한 은혜를 입증하셨습니다(고후 8:9). 또 우리가 하나님의 고귀한 임재를 영원히 누릴 수 있도록 하시기 위해서 아버지 곁의 고귀한 보좌를 잠시 포기하셨습니다.

그리스도께서는 포기하셨을 뿐만 아니라 취하기도 하셨습니다. 비행기의 일등석 표를 포기하는 것과 가장 불편한 좌석으로 옮겨 다른 승객들까지 섬기는 것은 차원이 전혀 다른 이야기입니다. 예수님은 권리와 영광과 특권을 버리셨고, 제한과 제약과 한계를 받아들이셨습니다.

이 선택을 단 한 번만 하신 것이 아니었습니다. 성자 하나님은 인간으로 사시는 내내 겸손한 종의 소명을 따르셨고, 다른 사람에게 의존해야 하는 연약한 아기로 태어나신 것을 시작으로 소박한 삶을 사셨습니다. 예수님은 계속해서 종의 태도를 취하며 사셨습니다. 자원하여 제자들의 발을 씻어 주셨고, 모욕당하고 부당한 대접을 받으면서도 신실하게 견디셨습니다. 왜 그러셨을까요? 예수님은 섬김을 받기 위해서가 아니라, 우리를 섬기고 심지어 자기 목숨을 대속물로 주기 위해 오셨기 때문입니다. "인자가 온 것은 섬김을 받으려 함이 아니라 도리어 섬기려 하고 자기 목숨을 많은 사람의 대속물로 주려 함이니라"(막 10:45).

평생 겸손하게 사신 예수님의 모습을 보면서 무엇을 느꼈나요? 그 삶을 따르기 위해 우리는 무슨 일을 할 수 있을까요?

구유에서 십자가까지 예수님은 순종하셨어

예수님은 태어나면서부터 이 땅에서 사신 마지막 날까지 의지적, 전적 순종만을 마음에 품으셨습니다. 예수님은 아버지의 일을 하면 어떤 대가를 치르게 될지 분명히 아셨습니다. 그럼에도 불구하고 그 고난이 가져올 궁극적인 결과를 아셨기 때문에 아버지의 일에 항상 몰두하셨습니다.

빌립보서 2장 8절
사람의 모양으로 나타나사 자기를 낮추시고 죽기까지 복종하셨으니 곧 십자가에 죽으심이라

성경에는 예수님이 어떤 유혹을 받으셨다고 나오나요? 그리고 인성 때문에 받으셨을 유혹에는 어떤 것이 있었을까요?

예수님이 하나님 아버지께 온전히 순종하셨듯이 우리도 순종할 수 있을까요?

십자가에서 보좌까지 예수님은 높아지셨어

빌립보서 2장 9~11절
이러므로 하나님이 그를 지극히 높여 모든 이름 위에 뛰어난 이름을 주사 하늘에 있는 자들과 땅에 있는 자들과 땅 아래에 있는 자들로 모든 무릎을 예수의 이름에 꿇게 하시고 모든 입으로 예수 그리스도를 주라 시인하여 하나님 아버지께 영광을 돌리게 하셨느니라

성경에서 '이러므로'나 '따라서'가 중요하듯이, '~하게 하시다'도 역시 중요합니다. 본문에서 '이러므로'와 '~하게 하시다'는 우리로 하여금 성경의 매우 중요한 주제를 보게끔 도와줍니다. 만물이 주의 영광을 위해 존재한다는 주제입니다. 그리스도의 높임은 하나님의 분명한 목적에 의해서 이루어집니다. 우리가 지상에서 기념하듯이 예수님의 역사를 단순히 기념하는 것이 아닙니다.

성자 하나님이신 왕

예수님이 하나님을 계시하시다.

자신을 낮추신 왕

예수님이 십자가에서
죽으시기까지 자신을 낮추시다.

그리스도께 모든 이름 위에 뛰어난 이름을 주신 사건은 책장을 장식하는 트로피처럼 한 번으로 끝나는 선물이 아닙니다. 이 이름은 그리스도께서 마리아를 통해 이 땅에 아기로 오셨을 때, 하늘에 두고 오셨던 영광스러운 지위를 회복하는 것을 의미합니다. 모든 역사가 예수님을 계속해서 높이고 있습니다. 이 모두가 결과적으로 아들을 창세전의 영화로 회복시키신 하나님 아버지를 영화롭게 해 드렸습니다(요 17:4~5).

예수님의 인성

알짬 교리 **99**

성경은 예수님이 완전한 하나님이자 동시에 완전한 인간이심을 확언합니다. 구약성경은 하나님이 약속하신 메시아가 태어나리라고 예언했으며(사 7:14; 9:6; 미 5:3), 신약성경은 예수님의 생애에 인간사의 모든 특징이 담겨 있음을 보여 주었습니다. 예수님은 인간이라면 흔히 겪게 되는 일들, 즉 굶주림(마 4:2)과 목마름(요 19:28)과 피곤함(마 8:24)과 슬픔(요 11:35)을 체험하셨으며, 심지어 십자가의 고통까지도 경험하셨습니다.

그리스도와의 연결

예수님은 하나님의 뜻을 이루기 위해 고난받는 길을 택하셨습니다. 너무 벅찬 모범이긴 하지만, 우리가 추구해야 할 길입니다. 그리스도께서는 겸손히 순종하고 자기를 부인하며 하나님께 영광을 돌리셨습니다. 우리는 그리스도께서 하나님의 영광을 위해 살고 죽으셨던 것을 본받고, 더 나아가 다른 그리스도인들과의 관계나 세상에서의 행동을 통해 하나님을 영화롭게 할 수 있습니다. 이기적으로 보내기 쉬운 성탄절 기간에 구주를 기념하면서 별처럼 빛을 비춥시다(빌 2:15). 섬김을 받기보다 겸손히 섬깁시다. 모든 사람 앞에서 하나님의 순결한 자녀로 살아감으로써, 사람들이 우리의 착한 행실을 보고 하나님께 영광을 돌리게 합시다(마 5:16). 그리스도처럼 살아갈 때 우리도 고난당할 테지만, 때가 되면 하나님이 높여 주실 것을 믿읍시다(벧전 5:6). “너희 안에 이 마음을 품으라 곧 그리스도 예수의 마음이니”(빌 2:5).

초기 그리스도인들은 그리스도께서 세상에 오신 성육신 사건과 우리를 위해 십자가에 못 박혀 죽으신 사건과 세상의 주로 높아지신 사건을 기념했습니다.

고난받으신 왕

예수님이 고난과 죽임을
당하고 부활하시다.

부활의 첫 열매이신 왕

예수님이 부활하심으로써
우리에게 부활의 소망을 주시다.

YOUR STORY

하나님이 들려주시는 이야기는 오늘을 사는 나와 늘 연결되어 있습니다. 아래 질문에 답하면서 성경 이야기가 내 이야기와 어떻게 연결되는지 생각해 봅시다.

▶ 다른 사람을 위해서 자기 권리나 안락함을 포기한 사람을 만나 본 적이 있나요? 있다면, 그들에게서 어떤 것을 느꼈나요? 이런 종류의 희생이 매우 드문 이유는 무엇일까요?

▶ 어떻게 하면 예수님이 인간으로 태어나심으로써 보여 주신 겸손한 태도를 우리 삶에서도 보여 줄 수 있을까요?

▶ 겸손과 순종 사이에는 어떤 연관성이 있나요?

▶ 어떻게 하면, 예수님이 보여 주신 겸손한 태도를 따라 하나님께 순종함으로써 받게 될 것들에 대비할 수 있을까요?

하나님의 이야기
하나님이 그분의 아들
예수 그리스도를 통해
우리를 구속해 주신 이야기

우리의 이야기
우리의 이야기가
하나님의 이야기와
만나는 곳

YOUR MISSION

생각

영광과 특권을 버리고, 예수님은 하나님의 뜻을 이루시기 위해 종으로서 고난받는 길을 택하셨습니다. 그분의 모범을 따르기 벅차지만, 우리는 추구해야 합니다. 바울은 우리에게 소비 욕구에 매이는 대신에, 그리스도의 마음을 품고 그분의 삶의 모범을 따르라고 격려했습니다. 그리스도께서 하나님의 영광을 위해 사시고 죽으셨던 것처럼, 우리 또한 하나님 아버지께 겸손한 태도와 희생적인 행동을 지속적인 찬양 예물로 바쳐야 합니다.

- 어떻게 하면, 성탄절을 우리를 위해 구원자로 오신 예수 그리스도와 그분이 하신 모든 일을 기리는 시간으로 만들 수 있을까요?
- 자기 자신을 부인하고, 겸손을 추구하며 살기 위해서 결단해 본 적이 있나요?

마음

많은 주석가가 빌립보서 2장 5~11절이 초대교회에서 불렀을 법한 찬송가라는 데 동의합니다. 정말로 그렇다면, 바울은 예수님의 주권을 찬양하며 인정하는, 당시에 사랑받은 유명한 말을 인용했던 것입니다. 대부분의 사람들은 어렸을 때 불렀던 노래를 오랫동안 듣지 못해도 쉽게 떠올립니다. 초대교회는 찬송을 통해서 그리스도를 기념하고 예배하는 아름다운 전통을 이어 갔습니다. 이 전통은 개인이나 공동체가 성령의 역사를 통해서 그리스도의 이름으로 아버지의 영광을 예배하는 오늘날까지 계속되고 있습니다.

- 좋아하는 노래나 찬송 중에 그리스도가 누구신지를 알려 주는 것은 무엇인가요?
- 어떻게 하면, 그 노래를 통해서 그리스도인들의 믿음을 격려하고, 믿지 않는 사람들로 하여금 구원의 믿음으로 예수님께 돌이키게 할 수 있을까요?

행동

우리는 다른 그리스도인들과의 관계나 세상에서의 행동을 통해 겸손하게 하나님을 영화롭게 할 수 있습니다. 이기적으로 보내기 쉬운 성탄절 기간에 사심 없이 구주를 기념하면서 세상의 별처럼 빛을 비춥시다(빌 2:15). 섬김을 받기보다는 서로 겸손하게 섬겨야 할 것입니다. 모든 사람 앞에서 하나님의 순결한 자녀로 겸손하게 살아감으로써, 사람들이 우리 착한 행실을 보고, 하나님께 영광을 돌리게 해야 할 것입니다(마 5:16). 그리고 그리스도와 마찬가지로 우리도 세상에서 겸손하게 살 때 고난을 당할 테지만, 때가 되면 하나님이 높여 주실 것입니다(벧전 5:6).

- 성탄절에 우리는 어떤 방식으로 그리스도께서 이루신 일을 기리나요?
- 어떻게 하면 주변 사람들을 좀 더 겸손하게 대할 수 있을까요?

다음 모임까지 **마태복음 1:18~2:23; 누가복음 2:1~20**을 읽어 보세요.

03
예수님을 통해 하나님을 볼 수 있어

성경 말씀 요한복음 1장 14~18절

포 인 트 성탄절에 관심을 두어야 할 것은 장식물이나 선물이 아니라 하나님이 그분의 백성 가운데 거하기 위해 오셨다는 사실이다.

등 장 인 물 예수님(하나님의 아들, 성자 하나님)

메시지 좌표 그리스도인은 죄인이 하나님과의 친밀한 관계를 회복하기 위해 그리스도의 성육신이 반드시 필요했음을 믿습니다. 성탄절의 의미는 우리에게 선행에 대한 다짐이나 감상적인 기분을 주는 것에서 그치지 않습니다. 그리스도를 통해 하나님 앞에 나아갈 기회를 얻은(히 4:14~16) 우리가 세상으로, 그것도 열악한 곳으로 나아가서 그리스도의 빛을 비추어야 함을 깨닫게 해 줍니다. 이번 과에서 우리는 성탄절의 영광이 여행이나 선물 교환에 그치지 않음을 살펴볼 것입니다. 우리를 사랑하신 하나님이 이 땅에 오셔서 우리 가운데 거하시며 자신을 계시하신 사랑에 성탄절의 영광이 드러납니다. 성탄절 이야기에서 가장 아름다운 것은 그리스도의 성육신입니다.

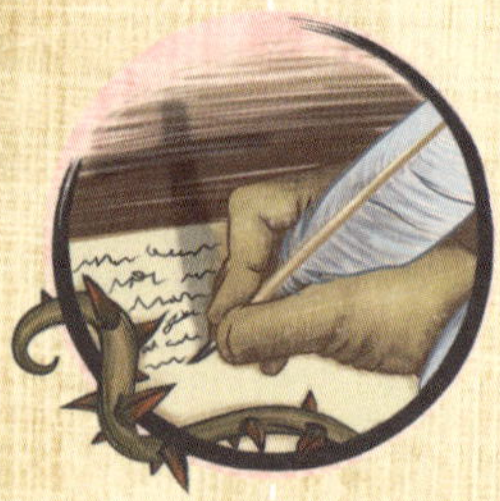

예언된 왕

예수님이 하나님의 약속대로
우리에게 오시다.

순종하신 왕

예수님이 겸손히 구유에서
태어나시다.

하나님은 자기 백성과 함께하시는 분이야

'육신'이 되었다는 의미의 '성육신'이라는 말은 그리스도인에게 있어 단순히 이론적인 용어가 아닙니다. 하나님의 은혜가 예수 그리스도의 탄생으로 의인화된 순간을 떠올리게 함으로써 위로와 기쁨을 얻게 하는 단어입니다. 하나님은 성육신을 통해 이 세계에 들어오셨고 자신을 스스로 구원할 수 없는 죄인들을 구원하셨습니다. 요한복음이 이 장면을 어떻게 설명하는지 살펴봅시다.

요한복음 1장 14~15절
말씀이 육신이 되어 우리 가운데 거하시매 우리가 그의 영광을 보니 아버지의 독생자의 영광이요 은혜와 진리가 충만하더라 요한이 그에 대하여 증언하여 외쳐 이르되 내가 전에 말하기를 내 뒤에 오시는 이가 나보다 앞선 것은 나보다 먼저 계심이라 한 것이 이 사람을 가리킴이라 하니라

요한이 독자들에게 전하는 내용은, 그들이 '은혜와 진리가 충만하신 하나님 아버지의 독생자의 영광을 보았다'는 것입니다. 이 구절은 예수님의 독특한 속성을 표현합니다. 예수님은 성부의 독생자이시며 은혜와 진리가 충만하신 분입니다. 간단히 말해서, 예수님은 만물 위에 단연 뛰어나신 분입니다.

그리스도인으로서 우리는 최선을 다해 그리스도의 유일성을 옹호하고, 어떤 유명 인사나 역사적인 인물이나 정치적인 인물도 구세주와는 같은 범주에 들 수 없다는 사실을 세상에 알려야 합니다. 예수님만이 참 하나님이며 참 사람이십니다. 충만한 은혜와 진리를 소유하신 것은 말할 것도 없습니다. 그와 같다고 주장할 수 있는 사람은 아무도 없습니다.

예수님의 신성

알짬 교리 **99**

예수 그리스도의 위격 안에는 두 가지 본성, 즉 신성과 인성이 있습니다. 성경은 예수 그리스도가 온전한 하나님이며 온전한 사람이라고 가르칩니다. 예수님의 신성은 그 분을 하나님과 동등한 분으로 묘사하는 성경 구절들에 드러나 있습니다(요 1:1~18; 빌 2:5~11; 골 1:15~20; 히 1:1~3). 이 구절들은 하나님의 고유한 속성들을 가지시고(미 5:2; 요 1:4), 하나님만이 행하시는 일들을 행하시고(막 2:5~12; 요 10:28; 17:2), 스스로 하나님의 아들임을 말씀하신(마 26:63~64; 요 8:58; 10:30; 17:5) 예수님의 신성을 가리킵니다.

하나님은 은혜와 진리를 주시는 분이야

요한복음 1장 16~17절
우리가 다 그의 충만한 데서 받으니 은혜 위에 은혜러라 율법은 모세로 말미암아 주어진 것이요 은혜와 진리는 예수 그리스도로 말미암아 온 것이라

우리가 받은 구원은 성육신하신 하나님의 은혜가 확장된 것입니다. 하나님은 그분의 은혜를 우리에게 지속적으로 더해 주십니다. 즉 우리 죄의 총량은 그분이 주시는 은혜의 총량을 압도할 수 없습니다. 하나님의 은혜가 아름답다는 것을 받아들인 사람은 그분의 용서를 다르게 이해하게 됩니다. 즉 죄를 지어도 되는 기회가 아닌(참조, 롬 6장), 높은 기준으로 우리를 붙드시면서도 깊은 사랑으로 우리를 적셔 주시는 사랑의 하나님 아버지께서 열어 두신 기회임을 깨닫게 됩니다.

성자 하나님은 성육신을 통해 우리의 타락한 세상에 들어오셔서 자신을 모세의 율법 아래 두셨습니다(갈 4:4~5). 그분이 이렇게 하신 것은 하나님이 인간에게 요구하시는 바를 충족하시기 위해서였습니다. 그분은 온전하게 사셨고, 그 삶으로 십자가에서 죄인들을 위해 대속 제물이 되어 값을 치르셨습니다(막 10:45). 이 값을 하나님이 받으셨다는 증거는 문자 그대로 우리 눈에 보이도록 예수님이 무덤에서 육신으로 부활하셨다는 사실입니다(롬 4:24~25).

하나님의 율법을 준수할 능력이 없는 우리에게 어떤 은혜가 필요함을 깨달았나요?

____

예수님에 대한 진리에 동의하는 것만으로 구원받게 될까요? 그렇거나 그렇지 않은 이유는 무엇인가요?

성자 하나님이신 왕

예수님이 하나님을 계시하시다.

자신을 낮추신 왕

예수님이 십자가에서 죽으시기까지 자신을 낮추시다.

고난받으신 왕

예수님이 고난과 죽임을
당하고 부활하시다.

부활의 첫 열매이신 왕

예수님이 부활하심으로써
우리에게 부활의 소망을 주시다.

예수님은 우리에게 하나님을 계시하시는 분이야

요한복음 1장 18절
본래 하나님을 본 사람이 없으되 아버지 품속에 있는 독생하신 하나님이 나타내셨느니라

출애굽기 33장 20절에서 하나님은 그분의 얼굴을 보고 살 자가 없다고 말씀하셨습니다. 하지만 계속 읽어 보면, 모세가 하나님을 언뜻 뵐 수 있었음을 알 수 있습니다.

18절에서 요한의 주장은 두 가지 중요한 진리를 강조합니다. 성부 하나님과 성자 하나님(예수님)의 관계가 긴밀하고, 이 긴밀한 관계의 깊이를 통해 예수님은 인류에게 아버지를 계시하실 수 있었다는 것입니다. 다시 말해서, 예수님을 통해 우리는 하나님을 볼 수 있습니다.

그리스도와의 연결

우리는 성탄절이 되면, 이스라엘을 이집트의 노예 생활에서 건지신 하나님, 모세를 통해 율법을 주신 하나님, 성막에서 그분의 백성 가운데 거하셨던 하나님이 예수 그리스도의 위격으로 우리에게 오신 바로 그 하나님이심을 기억해야 합니다.

네온사인 불빛이나 선물 교환으로 어수선할 때, 성탄절은 하나님이 사랑하는 우리를 구원하시기 위해 우리와 같이 되셨다는 진리를 기억해야 합니다. 예수님의 성육신이 우리에게 영감을 주고, 다른 사람들과 시간을 보내게 하고, 하나님이 돌보고 관여하신다는 진리를 전할 수 있게 해야 합니다. 우리는 그저 멀리 떨어져서 말만 앞세우는 까마득한 신을 경배하는 것이 아니라, 이 세상의 더러움에 친히 발을 담그시고, 죽음과 부활을 통해 구속하신 구세주를 경배하는 것입니다.

YOUR STORY

하나님이 들려주시는 이야기는 오늘을 사는 나와 늘 연결되어 있습니다. 아래 질문에 답하면서 성경 이야기가 내 이야기와 어떻게 연결되는지 생각해 봅시다.

▶ 예수님은 다른 종교 지도자들과 어떻게 다른 분이신가요?

▶ 예수님이 참 하나님이자 참사람이심을 믿는 것이 왜 중요할까요?

▶ 예수님이 성부 하나님에 관해 우리에게 계시해 주시는 바는 무엇인가요?

▶ 이번 성탄절 기간에 그리스도와 성탄절의 의미에 좀 더 초점을 맞추기 위해 무엇을 할 수 있을까요?

하나님의 이야기
하나님이 그분의 아들
예수 그리스도를 통해
우리를 구속해 주신 이야기

우리의 이야기
우리의 이야기가
하나님의 이야기와
만나는 곳

YOUR MISSION

생각

앞에서 우리가 다루었던 성경 본문은 당시 이스라엘에서 사람들이 가장 많이 찾던 세례 요한을 언급하고 있습니다(요 1:15). 그에 관한 이야기는 사람들 사이에서 화제의 중심이었으며, 가르침을 듣고 요단강에서 세례를 받으려는 많은 사람이 그를 따랐습니다. 하지만 그는 자신이 예수님의 영광을 도둑질할 위치에 있지 않다는 것을 알고 있었습니다. 겸손히, 그는 대중의 눈이 예수님께 향하도록 했습니다. 예수님이 영광 받으시기를 원했기 때문입니다.

- 최근에 하나님이 여러분에게 자신을 드러내신 적이 있나요?
- 예수님을 만왕의 왕이시며 만주의 주시라고 인정하지 못하게 막는 것이 있다면 무엇인가요?

마음

하나님은 성육신하시어 이 땅에 "거하셨습니다." 하나님은 우리를 구원하심으로써 우리 심령 가운데 거하십니다(롬 5:5; 8:9~13; 엡 1:13~14). 그리하여 우리가 자기 육신의 소욕을 거절하고, 하나님을 기쁘시게 하는 데 나설 수 있도록 힘주십니다. 하지만 우리는 구속받지 못한 육신으로 살면서(롬 7:7~25) 여전히 죄를 저지릅니다. 그리하여 성령 하나님이 우리 가운데 내주하시어 우리를 책망하시고, 우리로 하여금 그리스도의 십자가로 나아가 죄를 고백하고 회개하여 죄 사함을 받도록 인도하십니다(요일 1:8~10).

- 예수님이 구세주가 되어 주심에 대한 감사를 어떻게 표현할 수 있을까요?
- 성육신을 생각할 때, 우리가 살아가며 죄에 대해 반응하는 방식이 어떻게 달라질 수 있을까요?

행동

'계속 함께 거하라.' 하나님이 우리를 버리지 않으셨음을 우리 이웃들에게 이보다 더 잘 보여 줄 방법은 없습니다. 성육신의 원리는 우리가 견뎌 내기에 족할 만큼 사랑하는 것, 그리스도의 사랑을 보일 만큼 인내하는 것을 의미합니다. 우리는 하나님의 지속적인 역사가 우리 삶에서 이뤄지도록 기대할 뿐 아니라, 구세주가 우리 주위 사람들에게도 동일하게 역사하시도록 해야 합니다.

- 다른 사람이 여러분 삶의 방식대로 하나님을 그려 본다면, 그들은 어떤 하나님을 그리게 될까요?
- 여러분의 삶은 주변 사람들에게 하나님의 영광을 어떻게 선포하고 있나요?

다음 모임까지 **요한복음 1:14~18; 빌립보서 2:5~11**을 읽어 보세요.

두 번째
이야기

다시 살아나신 예수님

빌립보서, 마태복음, 고린도전서

알짬 구절

고린도전서

15장 20~22절

그러나 이제 그리스도께서 죽은 자 가운데서 다시 살아나사
잠자는 자들의 첫 열매가 되셨도다
사망이 한 사람으로 말미암았으니
죽은 자의 부활도 한 사람으로 말미암는도다
아담 안에서 모든 사람이 죽은 것같이
그리스도 안에서 모든 사람이 삶을 얻으리라

04
죽음으로 죽음을 이기신 분

성경 말씀 빌립보서 2장 5~11절

포 인 트 그리스도인은 예수님을 본받아 겸손히 다른 사람들을 섬기도록 부름받았다.

등 장 인 물 예수님(하나님의 아들, 성자 하나님)
바울(그리스도의 사도이자 이방인에게 보냄 받은 선교사)

메시지 좌표 부활절을 기념하며 우리는 서로 섬길 것을 격려하는 사도 바울의 빌립보서 2장을 살펴볼 것입니다. "아무 일에든지 다툼이나 허영으로 하지 말고 오직 겸손한 마음으로 각각 자기보다 남을 낫게 여기고 각각 자기 일을 돌볼 뿐더러 또한 각각 다른 사람들의 일을 돌보아 나의 기쁨을 충만하게 하라" (빌 2:3~4). 가정에서, 학교에서 혹은 여러 삶의 현장에서 생겨나는 관계 문제의 대부분은 다른 사람의 필요를 자신의 것보다 더 중요하게 여길 때 해결될 수 있습니다. 바울은 예수님의 궁극적인 모범을 통하여 이 아름다운 진리를 설명해 줍니다.

예언된 왕

예수님이 하나님의 약속대로
우리에게 오시다.

순종하신 왕

예수님이 겸손히 구유에서
태어나시다.

하나님이 우리를 위해 사람이 되셨어

능력에 따라 가치를 인정받는 세상에서, 하나님은 자신을 내어 줌으로써 궁극적인 승리를 얻으신 그리스도를 우리에게 보여 주십니다. 하나님의 아들은 구원 계획을 성취하기 위해 세상 속으로 들어오셔야만 했습니다.

빌립보서 2장 5~7절
너희 안에 이 마음을 품으라 곧 그리스도 예수의 마음이니 그는 근본 하나님의 본체시나 하나님과 동등됨을 취할 것으로 여기지 아니하시고 오히려 자기를 비워 종의 형체를 가지사 사람들과 같이 되셨고

사도 바울이 우리에게 예수님과 같이 행하라고 격려하는 것을 알 수 있습니다. 성자 하나님이시기에 하나님과 하나이신 분으로서 모든 특권을 가지셨지만, 우리를 구원하기 위해 그 모든 특권을 잠시 한쪽으로 치워 놓으셨습니다. 그러나 예수님은 신성을 모두 버리셨던 것이 아니었습니다. 오히려 인성을 취하시고 낮은 지위와 위치를 따르셨던 것입니다. 성자 예수님은 우리를 섬기기 위해 오셨고, 그분의 섬김으로 우리는 구원을 얻었습니다.

예수님은 우리를 위해 죽음의 굴욕을 참으셨어

예수님은 인간이 되실 때 자신을 낮추셨습니다. 그런데 그분은 십자가에서 죽으시기까지 계속해서 굴욕당하셨습니다.

빌립보서 2장 8절
사람의 모양으로 나타나사 자기를 낮추시고 죽기까지 복종하셨으니 곧 십자가에 죽으심이라

예수님이 당하신 굴욕이 두드러지는 것은 그 수모를 기꺼이 받아들이셨기 때문입니다. 주님은 사람들이 배신할 것을 아셨지만 그들을 믿어 주셨고, 자신을 고문하는 사람들까지 사랑하셨습니다. 어떤 굴욕이건 끔찍한 것이기에 하나님이 우리를 구원하기 위해 그것을 당하셨다는 사실은 충격을 줍니다. 우리를 향한 예수님의 사랑을 이보다 더 잘 증명해 주는 일이 있을까요?

하나님의 아들은 천국을 떠나시는 때에 자기 특권을 사용하는 것보다 십자가에 달려 굴욕을 당함으로써 하나님의 계획이 이루어지는 것을 더 중요하게 여기셨습니다. 그분만큼 굴욕당해 본 사람은 아무도 없습니다. 그러나 그 굴욕 또한 주님이 거두신 승리 가운데 하나일 뿐입니다.

예수님이 우리를 구원하기 위해 포기하신 것은 무엇인가요?

오늘날 그리스도의 일을 위해 자신의 이익을 포기하는 것은 어떤 의미가 있을까요?

예수님은 죽음에서 부활하여 높임을 받으셨어

지극히 낮아지고 나서야 지극히 높임을 받습니다! 이 순서를 아는 것이 중요합니다. 그리스도께서 얼마나 낮아지셨는지를 이해하지 못한다면 그분이 얼마나 높아지실지도 이해할 수 없습니다.

빌립보서 2장 9~11절
이러므로 하나님이 그를 지극히 높여 모든 이름 위에 뛰어난 이름을 주사 하늘에 있는 자들과 땅에 있는 자들과 땅 아래에 있는 자들로 모든 무릎을 예수의 이름에 꿇게 하시고 모든 입으로 예수 그리스도를 주라 시인하여 하나님 아버지께 영광을 돌리게 하셨느니라

9절에 주목해 봅시다. "이러므로 하나님이 그를 지극히 높여." 바울은 그리스도께서 낮아지셨기 때문에 하나님이 그분을 높이셨음을 우리가 알기 원했습니다. 그리스도께서 그 누구보다 낮아지셨으므로 하나님은 그 누구보다 그분을 확실히 높이실 것입니다. 지극히 낮아진 후에야 지극히 높임을 받습니다.

하나님이 자신을 낮추는 사람을 높이실 것이라는 진리를 성경 곳곳에서 발견할 수 있습니다.

성자 하나님이신 왕

예수님이 하나님을 계시하시다.

자신을 낮추신 왕

예수님이 십자가에서
죽으시기까지 자신을 낮추시다.

고난받으신 왕

예수님이 고난과 죽임을
당하고 부활하시다.

부활의 첫 열매이신 왕

예수님이 부활하심으로써
우리에게 부활의 소망을 주시다.

그리스도와의 연결

사람들은 최상급으로 말하기를 좋아합니다. '역대 최고의 팀', '궁극의 자동차', '지금까지 맛본 중에서 최고로 환상적인 맛'과 같이 말입니다. 그런데 어떤 말이든 남발되다 보면 진정한 의미를 상실하게 되는 경우가 많습니다. 만약 모든 것이 최고가 된다면, 아무것도 최고가 될 수 없을 것입니다.

그럼에도 불구하고 본문의 성경 구절은 그야말로 최고임이 틀림없습니다. 십자가 위의 그리스도보다 더 낮아진 사람은 없고, 역대의 그 누구도 그리스도보다 지극히 높임을 받지 않았습니다. 지극히 낮아지는 것이 지극히 높아지게 합니다.

동일한 궤적이 성경의 다른 곳에서도 분명히 나타납니다. 정반대의 길을 가려 했던 사람을 생각해 보세요. 그들은 낮은 곳에 있으면서 높은 곳에 오르려 애썼습니다. 아담, 사울왕, 가룟 유다의 비극적인 예는 우리가 하나님보다 자신의 욕망을 앞세울 때 어떤 결과를 얻게 되는지에 대해 확실히 알려 줍니다. 다윗왕, 한나, 바울은 스스로 연약해져서 하나님을 신뢰하는 사람을 하나님이 어떻게 높이시는지를 드러내는 좋은 예가 됩니다.

그리스도의 높아지심 — 알짬 교리 99

그리스도의 죽음이 낮아지심의 궁극적인 예였다면, 그리스도의 부활은 높아지심의 첫째가는 영광스러운 예입니다. 하나님은 그리스도를 죽은 자 가운데서 살리시고 아버지의 우편으로 올라오게 하심으로써 그를 높여 주셨습니다. 그리스도가 다시 오실 때, 모든 피조물이 그분을 높일 것입니다. 이 모든 것들이 합쳐져서 그리스도의 영광과 존귀를 더 크게 할 것이며 죄인들을 구하신 그리스도의 은혜의 영광을 찬양하게 될 것입니다.

> 그분은 주인의 명령을 받은 종처럼 자신을 낮추신 것이 아닙니다.
> 오히려 우리를 위해 구원 사역을 기꺼이 감당하신 것입니다.
> 즉 종이 아닌 아들로서 순종하셨습니다.
>
> 키루스의 테오도레투스 Theodoret of Cyr

하나님이 들려주시는 이야기는 오늘을 사는 나와 늘 연결되어 있습니다. 아래 질문에 답하면서 성경 이야기가 내 이야기와 어떻게 연결되는지 생각해 봅시다.

▶ 다른 사람의 유익을 위해 특권을 포기해 본 적이 있나요? 그때 어떤 일이 일어났나요?

▶ 교회가 만약 '그리스도의 태도'를 가진 사람들로 가득 차 있다면 어떤 모습일까요? 자기 지위를 포기하면서까지 섬길 생각이 없는 사람들로 가득 찬 교회는 어떤 모습일까요?

▶ 겸손히 자신을 낮춘 후에야 존귀함을 얻게 됨을 안다면 고난당할 때 하나님을 더욱 신뢰하고 순종할 수 있을까요?

▶ 예수님이 보이신 겸손의 본은 우리 문화에 녹아 있는 가치관과 어떻게 다른가요?

하나님의 이야기
하나님이 그분의 아들
예수 그리스도를 통해
우리를 구속해 주신 이야기

우리의 이야기
우리의 이야기가
하나님의 이야기와
만나는 곳

YOUR MISSION

생각

예수님의 십자가 사건에 담긴 역설을 생각해 봅시다. 그리스도께서는 자신이 지으신 피조물에게 죽임당하셨습니다. 그분은 자신의 손에 못을 박고 있는 군인의 눈을 들여다보셨습니다. 그를 창조하신 분이기에 그의 이름을 아셨고, 그에게 가장 필요한 것이 용서라는 사실도 아셨습니다. 그래서 굴욕적인 모습으로 십자가에 매달리셨을 때 예수님은 자기를 매단 사람들을 위해 기도하셨습니다(눅 23:34). 역설적이게도 그들이 성자 예수님을 처형함으로써 하나님의 계획이 이루어졌지만(행 2:23), 그들은 자신들이 무엇을 하고 있는지 전혀 몰랐습니다.

- 예수님이 십자가 사건 때 사람들을 향해 겸손한 태도를 보이신 이유는 무엇일까요?
- 여러분은 삶의 어떤 영역에서 좀 더 겸손해야 할 필요를 느끼나요?

마음

우리는 자신을 낮춰서 말하거나 행동하는 것이 겸손이라고 착각하기 쉽습니다. 물론 겸손이 우리의 언행 가운데 확실히 드러나기는 하지만, 그저 다른 형태의 교만인 거짓 겸손일 수 있다는 것 또한 사실입니다. 겸손은 마음에서 시작되는 것이고, 팀 켈러의 말처럼 "자신을 더 생각하거나 덜 생각하는 것이 아니라, 자신에 대한 생각을 줄이는 것"입니다. 교만해지기 쉬운 인간의 성향을 생각해 본다면, 하나님의 은혜와 우리 삶에 살아 역사하시는 성령님의 적극적인 개입이 없이 우리는 겸손해지기가 매우 어렵습니다.

- 거짓된 겸손의 예에는 어떤 것이 있을까요?
- 겸손에 대한 팀 켈러 목사의 언급에 대해 어떻게 생각하나요? 그의 말은 겸손에 대한 여러분의 생각을 어떻게 바꾸어 주었나요?

행동

그리스도께서는 섬김을 받기 위해서가 아니라 섬기기 위해(막 10:45) 겸손히 우리 가운데 오셔서 진정한 리더십의 본을 보여 주셨습니다. 이 '섬김의 리더십'은 오늘날 유행하는 리더십 유형과 구분됩니다. 모든 그리스도인이 자신의 자리에서 실천하며 드러내야 하는 것이 바로 예수님의 리더십입니다. 그렇게 함으로써 그리스도인은 주변 사람을 섬길 수 있을 뿐 아니라 그들을 섬길 때에 그리스도께서 가장 높임을 받으시게 됩니다.

- 여러분의 인생 가운데 섬김의 리더십을 가장 잘 보여 주는 사람은 누구인가요? 여러분은 그들의 섬김을 볼 때 감사한 마음을 갖게 되나요?
- 어떻게 하면 주변에 있는 사람들에게 섬김의 리더십을 보여 줄 수 있을까요?

다음 모임까지 **이사야 53장; 마태복음 16:13~28; 누가복음 23장**을 읽어 보세요.

THE GOSPEL PROJECT

05

함께하면 사는 걸 믿어 봐

성경 말씀 마태복음 16장 13~28절

포 인 트 자기를 부인해야 예수님을 따를 수 있다.

등 장 인 물 예수님(하나님의 아들, 성자 하나님)
제자들(예수님이 일일이 제자로 부르신 사람들, 하나님 나라를 알리는 자들)

메시지 좌표 예수님은 그분을 누구라고 생각하는지 제자들에게 물으셨습니다. 그리스도에 관해 바르게 이해하도록 이끄시고, 그분의 죽음과 부활을 미리 알려 주시기 위해서입니다. 그리스도인은 예수님이 우리를 위해 죽으시고 다시 사신 하나님의 아들이심을 고백합니다. 우리는 믿음으로 그리스도이신 예수님과 하나가 되어 자기 십자가를 지고 그분을 따르도록 부름받았습니다. 아무것도 우리를 방해할 수 없습니다.

HIS STORY

예언된 왕

예수님이 하나님의 약속대로 우리에게 오시다.

순종하신 왕

예수님이 겸손히 구유에서 태어나시다.

너는 나를 누구라 하느냐?

마태복음 16장 13~16절

예수께서 빌립보 가이사랴 지방에 이르러 제자들에게 물어 이르시되 사람들이 인자를 누구라 하느냐 이르되 더러는 세례 요한, 더러는 엘리야, 어떤 이는 예레미야나 선지자 중의 하나라 하나이다 이르시되 너희는 나를 누구라 하느냐 시몬 베드로가 대답하여 이르되 주는 그리스도시요 살아 계신 하나님의 아들이시니이다

누군가와 만나고 있거나 친분이 있다고 해서 그와 잘 아는 사이라고 할 수 없습니다. 많은 사람이 예수님과 아는 사이로 지냈고, 예수님을 찾았습니다. 하지만 그들은 예수님이 어떤 분이신지에 대해서는 알지 못했습니다.

대부분은 예수님을 종교 지도자쯤으로 여겼습니다. 어떤 이들은 예수님을 '부활한 세례 요한'으로 생각했는데, 예수님의 말씀과 행적이 세례 요한과 닮았기 때문입니다. 다른 이들은 예수님을 바벨론 포로기에 이스라엘의 미래를 예언했던 예레미야 같은 선지자로 여겼습니다. 1세기 유대인들에게는 세례 요한이나 예레미야 선지자가 영웅이었으므로 사람들이 예수님을 그들과 같은 인물로 여긴 것은 일종의 찬사라고 할 수 있습니다.

마태복음 16장 17~20절

예수께서 대답하여 이르시되 바요나 시몬아 네가 복이 있도다 이를 네게 알게 한 이는 혈육이 아니요 하늘에 계신 내 아버지시니라 또 내가 네게 이르노니 너는 베드로라 내가 이 반석 위에 내 교회를 세우리니 음부의 권세가 이기지 못하리라 내가 천국 열쇠를 네게 주리니 네가 땅에서 무엇이든지 매면 하늘에서도 매일 것이요 네가 땅에서 무엇이든지 풀면 하늘에서도 풀리리라 하시고 이에 제자들에게 경고하사 자기가 그리스도인 것을 아무에게도 이르지 말라 하시니라

> 베드로의 고백이 반석이 되었습니다.
> 내 교회를 이 반석 위에 세우시겠다는 예수님의 말씀은
> 교회가 이 같은 신앙 고백 위에 세워질 것이라는 의미입니다.
> 몹수에스티아의 테오도르 Theodore of Mopsuestia

단단히 오해하고 있구나!

마태복음 16장 21~23절
이때로부터 예수 그리스도께서 자기가 예루살렘에 올라가 장로들과 대제사장들과 서기관들에게 많은 고난을 받고 죽임을 당하고 제삼 일에 살아나야 할 것을 제자들에게 비로소 나타내시니 베드로가 예수를 붙들고 항변하여 이르되 주여 그리 마옵소서 이 일이 결코 주께 미치지 아니하리이다 예수께서 돌이키시며 베드로에게 이르시되 사탄아 내 뒤로 물러가라 너는 나를 넘어지게 하는 자로다 네가 하나님의 일을 생각하지 아니하고 도리어 사람의 일을 생각하는도다 하시고

베드로가 예수님을 그리스도로 고백한 사건은 예수님의 공생애에서 가장 중요한 순간입니다. 마태복음에 따르면, 예수님은 그 시점부터 다가올 죽음에 관해 이야기하십니다. 예수님의 생각과 행동은 모두 십자가를 향해 있습니다. 역사를 아는 우리는 예수님의 죽음이 얼마나 중요한지 잘 알고 있습니다. 그러나 당시 제자들이 그리스도의 죽음을 미리 상상하기란 정말로 어려웠을 것입니다.

역설을 이해할 수 있겠느냐?

마태복음 16장 24~28절
이에 예수께서 제자들에게 이르시되 누구든지 나를 따라오려거든 자기를 부인하고 자기 십자가를 지고 나를 따를 것이니라 누구든지 제 목숨을 구원하고자 하면 잃을 것이요 누구든지 나를 위하여 제 목숨을 잃으면 찾으리라 사람이 만일 온 천하를 얻고도 제 목숨을 잃으면 무엇이 유익하리요 사람이 무엇을 주고 제 목숨과 바꾸겠느냐 인자가 아버지의 영광으로 그 천사들과 함께 오리니 그때에 각 사람이 행한 대로 갚으리라 진실로 너희에게 이르노니 여기 서 있는 사람 중에 죽기 전에 인자가 그 왕권을 가지고 오는 것을 볼 자들도 있느니라

자기를 부인하고, 자기 십자가를 지고, 목숨을 내놓아야 한다는 내용의 본문을 읽으면 이런 궁금증이 생길 것입니다. '예수님은 우리가 이런 부정적인 것들에 초점을 맞추기 원하실까?' 꼭 그런 것만은 아닙니다.

예수님이 자기 부인을 강조하신 것은 단순히 내려놓는 것에 관한 이야기가 아닙니다. 오히려 예수님을 위해 자기 목숨을 내놓을 때 얻는 것에 관한 이야기입니다. 충만해지기 위해 자기를 부인하라는 것입니다. 내일 부활하기 위해 오늘 죽으라는 뜻입니다. 부인하고 따르라는 명령에 집중하기보다는 우리가 따라야 할 그분 예수님께 집중해야 할 것입니다.

성자 하나님이신 왕

예수님이 하나님을 계시하시다.

자신을 낮추신 왕

예수님이 십자가에서
죽으시기까지 자신을 낮추시다.

주님을 따라야 할 사람이 예수님에게서 벗어나는 삶을 산다면 어떤 일이 일어날까요?

____

____

____

알짬 교리 **99**

그리스도와의 연합

그리스도와의 연합은 구원의 핵심입니다. 성경은 구원을 하나님과 언약 관계를 맺는 것으로 묘사하고, 신자들의 모임인 교회를 그리스도의 신부로 묘사합니다(고후 11:2; 엡 5:23~32). 그리스도인은 믿음을 통해 그리스도가 우리 심령에 거하심(우리 안에 계신 그리스도)과 우리가 주님 안에 거하게 됨을 믿습니다(엡 3:17; 골 1:27; 3:1~4). 이 연합은 깨뜨릴 수 없으며 영원토록 계속될 것입니다.

그리스도와의 연결

예수님은 인간이 언제나 자기 목숨을 보전하려는 경향을 타고났음을 알고 계십니다. 우리는 본능적으로 그렇게 행동하고 선택합니다. 그러한 선택이 자신의 삶에 기쁨을 줄 것이라고 믿기 때문에 항상 그렇게 합니다. 하지만 언제나 그렇듯이 예수님은 우리 생각에 도전하십니다. 심지어 완전히 바꾸어 놓으십니다. 주님은 우리가 구원받기를 갈망한다는 것을 아십니다. 또, 주님의 길을 따르지 않고서는 구원받을 수 없다는 사실도 아십니다. 살고자 하면, 주님을 위해서 그리고 복음을 위해서 목숨을 내려놓으라고 말씀하십니다. 우리 모두가 추구하는 기쁨이 궁극적으로 예수님의 길을 따라 행함에서 나온다는 것을 아시기 때문입니다. 그 기쁨은 그릇된 길을 통해서는 결코 얻을 수 없습니다.

고난받으신 왕

예수님이 고난과 죽임을 당하고 부활하시다.

부활의 첫 열매이신 왕

예수님이 부활하심으로써 우리에게 부활의 소망을 주시다.

YOUR STORY

하나님이 들려주시는 이야기는 오늘을 사는 나와 늘 연결되어 있습니다. 아래 질문에 답하면서 성경 이야기가 내 이야기와 어떻게 연결되는지 생각해 봅시다.

▶ '예수님은 누구입니까'라는 질문에 사람들은 어떤 대답을 할까요? 좋긴 하지만 충분하지 않은 대답에는 어떤 것이 있을까요?

▶ 예수님을 그리스도로 고백한 베드로가 놓쳤던 것은 무엇일까요? 오늘날 대부분의 사람이 예수님의 정체성에 관해 놓치고 있는 중요한 점은 무엇일까요?

▶ 사람들이 예수님을 위해 목숨을 내놓기보다는 자기 목숨을 구하려고 한다는 것을 어떻게 알 수 있나요?

▶ 자기를 부인한다는 말의 의미는 무엇일까요? 자기를 부인하는 것이 어떻게 큰 기쁨으로 이어질 수 있을까요?

하나님의 이야기
하나님이 그분의 아들
예수 그리스도를 통해
우리를 구속해 주신 이야기

우리의 이야기
우리의 이야기가
하나님의 이야기와
만나는 곳

YOUR MISSION

생각

성경에서 흔히 볼 수 있듯이, 하나님을 만나면 종종 이름이 바뀌기도 합니다. 베드로 전에, 아브람이 아브라함으로, 그 후에는 사울이 바울로 바뀌었기 때문입니다. 본문에서 예수님은 시몬에게 베드로라는 새 이름을 주셨습니다. 베드로는 헬라어로 '돌'을 의미합니다. 예수님을 그리스도로 시인한 고백을 반석으로 삼아 그 위에 교회를 세우시겠다는 말씀(마 16:18)에 대한 언어유희로 붙여 주신 이름입니다. 베드로라는 새 이름에 걸맞게 영적인 반석이 될 것입니다. 그리고 그의 고백은 교회의 기초가 될 것입니다.

- 그리스도를 따름으로써 자신의 정체성이 어떻게 달라졌나요?
- 다른 사람이 우리에 관해 말하는 것이나 우리가 자신에 관해 믿는 것과 상관없이 하나님의 말씀대로 자신을 이해하는 것이 중요한 이유는 무엇인가요?

마음

예수님은 주님을 따른다는 것의 의미를 오해한 제자들의 생각을 바로잡아 주셨습니다. 그들은 그리스도께서 오셨으니 곧 이 땅에서 평안과 안락을 누릴 것이라고 생각했습니다. 예수님이 이 땅의 나라를 뒤엎자마자 곧 이루어질 것으로 기대한 것입니다. 그러나 예수님은 그들이 찾는 궁극적인 평안과 안락은 그런 식으로 찾아오지는 않는다고 가르쳐 주셨습니다. 세상의 부나 개인의 지위나 업적은 결국 만족을 주지 못합니다. 오직 예수님을 따르는 삶만이 우리를 만족시켜 줍니다.

- 예수님의 첫 번째 질문(마 16:26)을 만약 여러분이 받았다면 어떻게 대답할 것인가요?
- 세상이 주는 어떤 위안보다 예수님이 더 큰 만족을 주시는 이유는 무엇인가요?

행동

우리는 매일 그리스도의 제자로서 선택을 합니다. 우리에게 가장 큰 선택은 예수님을 따르며 그분처럼 살 것을 매일 결단하는 것입니다. 예수님처럼 우리도 세상 것에 매달리지 않아야 합니다. 예수님처럼 우리도 나보다 다른 사람을 먼저 생각해야 합니다. 예수님처럼 우리도 복음을 위해 기꺼이 고난받을 수 있어야 합니다. 그렇게 할 때 더 큰 기쁨을 맛보리라는 것을 알기 때문입니다. 이 모든 것이 예수님을 따르는 삶의 일부입니다. 예수님을 좇는 데는 희생이 따르지만, 그 희생은 예수님께 초점을 맞출 때 눈 녹듯이 사라집니다.

- 어떻게 하면 의무감으로 예수님을 따르지 않고, 온 마음으로 기꺼이 따를 수 있을까요?
- 그리스도를 따르는 기쁨을 다른 사람들에게 어떻게 나타낼 수 있나요?

다음 모임까지 **누가복음 24:1~49; 요한복음 20:19~31**을 읽어 보세요.

THE GOSPEL PROJECT

06

예수님의 부활은 최고의 승리

성경 말씀 고린도전서 15장 1~28절

포 인 트 기독교는 예수님의 부활로 시작해서 예수님의 부활로 끝난다.

등 장 인 물 바울(예수님을 핍박하다가 결국 그분을 따르게 되고 이방인의 사도가 됨)

메시지 좌표 주님의 부활을 축하할 때, 죽은 자들 가운데서 부활하신 예수님에 관해서 또한 부활 사건이 그리스도를 따르는 자들에게 어떤 의미인지에 관해서 이야기하는 것이 마땅합니다. 바울에 따르면, 기독교의 진리는 예수님이 무덤에서 부활하신 역사적 사건과 관련이 있습니다. 다시 말해 부활은 단지 믿음을 더해 주는 부수적인 사건이 아니라 기독교 신앙 전체에서 핵심과 기반이 되는 사건입니다.

예언된 왕

예수님이 하나님의 약속대로 우리에게 오시다.

순종하신 왕

예수님이 겸손히 구유에서 태어나시다.

부활만큼 좋은 소식이 있을까?

고린도전서 15장 1~11절

형제들아 내가 너희에게 전한 복음을 너희에게 알게 하노니 이는 너희가 받은 것이요 또 그 가운데 선 것이라 너희가 만일 내가 전한 그 말을 굳게 지키고 헛되이 믿지 아니하였으면 그로 말미암아 구원을 받으리라 내가 받은 것을 먼저 너희에게 전하였노니 이는 성경대로 그리스도께서 우리 죄를 위하여 죽으시고 장사 지낸 바 되셨다가 성경대로 사흘 만에 다시 살아나사 게바에게 보이시고 후에 열두 제자에게와 그 후에 오백여 형제에게 일시에 보이셨나니 그중에 지금까지 대다수는 살아 있고 어떤 사람은 잠들었으며 그 후에 야고보에게 보이셨으며 그 후에 모든 사도에게와 맨 나중에 만삭되지 못하여 난 자 같은 내게도 보이셨느니라 나는 사도 중에 가장 작은 자라 나는 하나님의 교회를 박해하였으므로 사도라 칭함 받기를 감당하지 못할 자니라 그러나 내가 나 된 것은 하나님의 은혜로 된 것이니 내게 주신 그의 은혜가 헛되지 아니하여 내가 모든 사도보다 더 많이 수고하였으나 내가 한 것이 아니요 오직 나와 함께 하신 하나님의 은혜로라 그러므로 나나 그들이나 이같이 전파하매 너희도 이같이 믿었느니라

바울은 고린도 교회에 편지를 보내면서, 당시 그들 가운데 끊이지 않던 죄와 분쟁을 다루었습니다. 그리고 모든 악독을 탁월하게 해독할 복음을 상기시키며 편지를 마무리했습니다. 바울은 이미 복음을 받아들인 믿는 사람들에게 편지를 쓰고 있었지만, 그들은 복음이 삶의 중심임을 기억할 필요가 있었습니다. 복음은 단지 새로운 생활과 그리스도와의 관계를 시작하는 것만이 아니라 그리스도 안에서 일상생활을 형성해 나가는 것입니다. 고린도 성도들은 복음에 따라 살지 않았고 교회 안에서 분쟁, 음행, 온갖 자랑(특히 영적 은사, 지식, 웅변술, 지위), 탐욕, 우상 숭배를 했습니다. 달리 말하면, 그들은 예수 그리스도의 복음이 아닌 다른 것 위에 자신의 삶과 소망과 지위를 구축하고 있었던 것입니다.

종종 예수님 대신에 삶의 중심으로 삼고 살아가고자 하는 유혹을 받는 대상은 무엇인가요?

부활은 실제로 일어난 사건이야

기독교가 전하는 메시지 전체가 예수님이 죽음에서 부활하셨다는 진리에 달려 있다는 사실을 기억하십시오. 예수님이 부활하시지 않았다면, 우리는 여전히 죄 가운데 있을 것입니다. 예수님이 부활하시지 않았다면, 죽음으로 끝날 것입니다. 이런 의미에서 우리 삶이 복음을 입증하는 것이 아니라 복음이 우리 삶을 입증하고 변화시키는 것입니다. 그리스도의 죄 없는 삶과 희생적인 죽음 등 복음의 모든 측면이 중요합니다. 그러나 부활이야말로 복음 전체를 향한 가장 큰 확신과 소망을 우리에게 안겨 줍니다. 이것이 바로 본문에서 바울이 부활에 초점을 맞추었던 이유입니다. 부활이 삶을 변화시키는 수단이기 때문입니다.

고린도전서 15장 12~19절

그리스도께서 죽은 자 가운데서 다시 살아나셨다 전파되었거늘 너희 중에서 어떤 사람들은 어찌하여 죽은 자 가운데서 부활이 없다 하느냐 만일 죽은 자의 부활이 없으면 그리스도도 다시 살아나지 못하셨으리라 그리스도께서 만일 다시 살아나지 못하셨으면 우리가 전파하는 것도 헛것이요 또 너희 믿음도 헛것이며 또 우리가 하나님의 거짓 증인으로 발견되리니 우리가 하나님이 그리스도를 다시 살리셨다고 증언하였음이라 만일 죽은 자가 다시 살아나는 일이 없으면 하나님이 그리스도를 다시 살리지 아니하셨으리라 만일 죽은 자가 다시 살아나는 일이 없으면 그리스도도 다시 살아나신 일이 없었을 터이요 그리스도께서 다시 살아나신 일이 없으면 너희의 믿음도 헛되고 너희가 여전히 죄 가운데 있을 것이요 또한 그리스도 안에서 잠자는 자도 망하였으리니 만일 그리스도 안에서 우리가 바라는 것이 다만 이 세상의 삶뿐이면 모든 사람 가운데 우리가 더욱 불쌍한 자이리라

예수님이 부활하셨으니 우리도 부활할 거야

'창조, 타락, 구속, 회복'이라는 얼개는 성경의 모든 곳에 펼쳐진 복음의 중심 내용입니다. 이는 창세기부터 요한계시록까지 모든 창조에서 하나님이 하시는 역동적 사역을 이해하는 데 중요한 역할을 합니다. 이 얼개의 마지막에 놓인 '회복'에 바울은 그다음으로 중점을 두었습니다.

회복이란 장차 하나님이 그분의 계획대로 만물을 회복하실 때, 예수님이 담당하실 미래 사역입니다. 회복은 완성과 복구에 관한 것입니다. 즉 복음 이야기가 완성되는 것과 만물이 창세기 1~2장에서 하나님이 선하게 창조하셨던 그때로 복구되는 것을 말합니다. 하나님의 사역이 온통 이 끝을 향해 움직이고 있습니다.

성자 하나님이신 왕

예수님이 하나님을 계시하시다.

자신을 낮추신 왕

예수님이 십자가에서
죽으시기까지 자신을 낮추시다.

고난받으신 왕

예수님이 고난과 죽임을
당하고 부활하시다.

부활의 첫 열매이신 왕

예수님이 부활하심으로써
우리에게 부활의 소망을 주시다.

고린도전서 15장 20~28절

그러나 이제 그리스도께서 죽은 자 가운데서 다시 살아나사 잠자는 자들의 첫 열매가 되셨도다 사망이 한 사람으로 말미암았으니 죽은 자의 부활도 한 사람으로 말미암는도다 아담 안에서 모든 사람이 죽은 것 같이 그리스도 안에서 모든 사람이 삶을 얻으리라 그러나 각각 자기 차례대로 되리니 먼저는 첫 열매인 그리스도요 다음에는 그가 강림하실 때에 그리스도에게 속한 자요 그 후에는 마지막이니 그가 모든 통치와 모든 권세와 능력을 멸하시고 나라를 아버지 하나님께 바칠 때라 그가 모든 원수를 그 발아래에 둘 때까지 반드시 왕 노릇 하시리니 맨 나중에 멸망 받을 원수는 사망이니라 만물을 그의 발 아래에 두셨다 하셨으니 만물을 아래에 둔다 말씀하실 때에 만물을 그의 아래에 두신 이가 그중에 들지 아니한 것이 분명하도다 만물을 그에게 복종하게 하실 때에는 아들 자신도 그때에 만물을 자기에게 복종하게 하신 이에게 복종하게 되리니 이는 하나님이 만유의 주로서 만유 안에 계시려 하심이라

부활 알짬 교리 **99**

구약과 신약은 모두 신자들이 어느 날 죽은 자 가운데서 살아나는 육신의 부활을 경험할 것이라고 가르칩니다(사 26:19; 겔 37:12~14; 요 11장). 부활의 약속은 죽은 자 가운데서 다시 사신 그리스도 안에서 발견되며, 그리스도의 재림 때 약속이 이루어질 것입니다. 그리스도가 부활의 첫 열매가 되셨기에 그리스도인들은 자신들의 부활도 본질적으로 비슷하리라고 확신할 수 있습니다. 즉 전인적으로 영광스럽게 부활하리라고 말입니다(빌 3:20~21; 롬 8:22~23). 장차 일어날 부활의 소망은 그리스도의 죽음과 부활로 사망이 패했다는 확신을 그리스도인에게 줍니다.

그리스도와의 연결

아담의 죄는 피조 세계 전체에 죽음을 가져왔습니다. 그러나 새롭고 더 뛰어난 아담이신 그리스도 안에서 모든 것이 부활을 경험하게 될 것입니다. 구속받은 사람이나 구속받지 못한 사람이나 모두 영원한 존재로 부활할 것입니다. 그런데 구속받지 못한 사람은 하나님과 영원히 분리된 존재로 부활할 것이고, 구속받은 사람은 하나님을 영원히 누리는 존재로 부활할 것입니다(마 25:31~46). 후자만이 영생을 위해 온전히 살아날 것입니다.

YOUR STORY

하나님이 들려주시는 이야기는 오늘을 사는 나와 늘 연결되어 있습니다. 아래 질문에 답하면서 성경 이야기가 내 이야기와 어떻게 연결되는지 생각해 봅시다.

▶ 복음이 과거와 현재와 미래에 끼치는 영향을 기억하는 것이 일상을 사는 데 어떤 도움을 줄까요?

▶ 예수님이 부활의 첫 열매가 되셨다는 사실을 기억하는 사람의 평상시 생각, 감정, 행동에는 어떤 변화가 있을까요?

▶ 잃어버린 자들이 미래에 부활한다는 사실이 오늘을 살아가는 우리에게 미치는 영향은 무엇일까요?

▶ 어떻게 하면 우리 문화에 죄와 죽음의 종말과 그리스도를 통한 만물의 완성에 관한 소망을 불어넣어 줄 수 있을까요?

하나님의 이야기
하나님이 그분의 아들
예수 그리스도를 통해
우리를 구속해 주신 이야기

우리의 이야기
우리의 이야기가
하나님의 이야기와
만나는 곳

YOUR MISSION

생각

사람들은 위대한 농구 선수 래리 버드가 복잡한 기술을 어떻게 그토록 손쉽게 펼쳐 보이는지 궁금해했습니다. 그의 대답은 '기본을 지킨다'였습니다. 그는 훈련할 때 기본기를 꼼꼼하게 다짐으로써, 경기할 때 세련된 기술을 사용할 수 있었습니다. 마찬가지로 바울은 일상생활에서 복음이 핵심이라고 선언합니다. 복음은 우리 신앙의 기본 원리이자 '기본'입니다. 이것이 바로 우리가 매일 치러야 하는 '훈련'인 것입니다.

- 고린도전서 15장 3~6절에 따르면, 매일 기억해야 할 복음의 기본 내용은 무엇인가요?
- 복음의 능력을 기억하는 여러분을 하나님이 어떻게 변화시키실 것이라고 소망하나요?

마음

바울은 만일 부활이 진짜 일어나지 않았다면, 이 세상에서 그리스도인이 가장 불쌍하게 될 것이라고 말했습니다. 물론 그는 부활 사건을 확신했고, 그로써 매일같이 겪는 어려움과 고난을 견딜 수 있었습니다(고후 11:21~28). 그러나 바울은 만일 부활이 전혀 없었다면 그리스도인이 불쌍하게 된다는 점을 분명히 했습니다. 왜냐하면 신자들의 마음과 삶의 근본적인 변화에 관한 문제이기 때문입니다. 다시 말해서, 부활을 믿고 그리스도를 따른다는 것은 그리스도를 좇아 자기 십자가를 짊어지는 것을 의미합니다. 이는 우리 삶에 아무런 영향도 끼치지 않는 단순한 믿음에 불과한 것이 아닙니다.

- 자신이 그리스도의 참 제자라는 사실을 삶으로 어떻게 드러내고 있나요?
- 장차 있을 부활이 어떻게 지금의 어려움을 이겨 낼 힘을 주나요?

행동

그리스도에 대한 확고한 믿음과 미래에 대한 소망을 주는 부활 사건은 단지 나에게만 해당하는 것이 아닙니다. 부활은 눈을 들어 주위를 살피고, 우리가 받은 구원을 절실히 필요로 하는 사람을 돌아보게 만드는 사건입니다. 우리는 예수님의 부활을 축하하고 기뻐할 뿐 아니라 주위를 돌아보며 가슴 아파하면서 최대한 많은 사람에게 이 복음을 전하기로 결심해야 합니다.

- 부활에 대한 믿음은 어떻게 우리가 주변 사람에게 더 관심을 기울이도록 이끌까요?
- 하나님이 만물을 새롭게 창조하시리라는 좋은 소식을 들려주고 싶은 사람이 있나요?

다음 모임까지 **사도행전 1:6~11; 고린도전서 15:1~28**을 읽어 보세요.

부록 1

성탄과 부활 연대표

예언된 왕

예수님이 하나님의 약속대로
우리에게 오시다.

순종하신 왕

예수님이 겸손히 구유에서
태어나시다.

성자 하나님이신 왕

예수님이 하나님을 계시하시다.

자신을 낮추신 왕

예수님이 십자가에서
죽으시기까지 자신을 낮추시다.

고난받으신 왕

예수님이 고난과 죽임을 당하고 부활하시다.

부활의 첫 열매이신 왕

예수님이 부활하심으로써 우리에게
부활의 소망을 주시다.

부록 2

대제사장이신 예수 그리스도

제사장은 하나님과 백성 사이의 중재자로, 백성들이 하나님이 공급하신 은혜에 감사하거나 속죄하고자 할 때 백성을 대신해 예물과 희생 제사를 드리도록 하나님이 세우신 직분입니다.

구약성경에서는 누가 제사장이 되었나요?

자격은 …	임무는 …
• 레위 자손 • 특별히 아론의 자손 • 주님께 성결 - 신체에 흠이 없어야 함 - 의례적으로 정결해야 함 - 규정된 제사를 드려 도덕적으로 정결해야 함	• 백성을 대신해 하나님께 희생 제사를 드림 • 하나님을 대신해 백성을 축복함 • 하나님의 율법을 백성에게 가르침

예수님은 어떤 제사장이셨나요?

자격은 …	예수님은 …
• 레위 자손 • 특별히 아론의 자손 • 주님께 성결 - 신체적 흠이 없어야 함 - 의례적으로 정결해야 함 - 규정된 제사를 드려 도덕적으로 정결해야 함	• 왕, 메시아, 유다 지파의 자손(히 7:14) • 주님께 성결(히 4:15) - 모든 면에서 우리와 똑같이 시험을 받으셨으나 죄는 없으심 • 멜기세덱의 반차를 따르는 제사장으로서 혈통이 아니라 불멸의 생명의 능력을 따라 죽은 자들 가운데서 일으킴을 받으시고 영원히 살아계심(히 7:15~17)

멜기세덱은 누구인가요?
• 창 14:17~20; 시 110:4; 히 7장 • 그 이름의 뜻은 '의의 왕' • 살렘의 왕이자 '평강의 왕' • 가장 높으신 하나님의 제사장 • 하나님의 아들을 예표하며 영원한 제사장인 왕이자 제사장 • 전쟁에 승리하고 돌아오는 아브라함을 축복하고, 그에게서 십일조를 받음 • 창세기(시작과 족보, 탄생과 죽음에 관한 책)에 등장하는데 부모 이름도, 족보도, 시작한 날도, 생명의 끝도 없음

예수님은 얼마나 위대한 대제사장이셨나요?	
레위 계열의 대제사장	**위대한 대제사장 예수님**
• 옛 언약의 중재자(히 9:1~10)	• 더 나은 새 언약의 중재자(히 9:11~28)
• 자기 죄를 위한 속죄제를 먼저 드려야 함(히 5:3)	• 우리와 똑같이 시험을 받으셨으나 죄가 없으심(히 4:15)
• 아론의 혈통을 이어받은 자손 중에서 하나님이 임명하심(히 5:4)	• 멜기세덱의 반차를 따라 하나님이 기름 부으심(히 5:5~6)
• 제사장직은 종신직(히 7:23)	• 영생하시므로 제사장직도 영원함(히 7:24)
• 자신과 백성의 죄를 위해 매일 희생 제사를 드림(히 7:27)	• 온 백성의 죄를 위해 자신을 단번에 제물로 드리심(히 7:27)
• 일 년에 한 번 동물의 피를 가지고 지성소에 들어가 자신과 백성의 죄를 위한 속죄제를 드리지만, 이 제사는 예배자의 양심을 온전하게 회복시키지 못함(히 9:7, 9)	• 온 인류의 죄를 단번에 대속하기 위해 자기 피를 가지고 하늘의 지성소로 들어가 양심을 죽은 행실에서 깨끗하게 하고 살아계신 하나님을 섬기게 하심(히 9:14)
• 예배자를 결코 온전하게 할 수 없는 제사를 해마다 똑같이 반복함(히 10:1)	• 예배자를 온전하게 성별하기 위해 자신을 단번에 제물로 드리심(히 10:10)
• 죄를 없애지 못하는 똑같은 희생제물을 매일 드리며 서있음(히 10:11)	• 자신을 제물로 드려 죄를 효과적으로 멸하시고, 하나님의 우편에 앉으심(히 10:12)

옛 언약의 제사장들은 혈통에 따라 모세의 형제 아론의 자손 가운데서 하나님이 임명하셨습니다. 그들은 거룩해야 했으며, 주님께 구별되어 비느하스가 보여 준 것처럼 주님의 거룩하심을 위해 열심을 다해야 했습니다. 아론의 제사장직은 한동안 그러한 목적으로 수행되었으나, 제사장 자신의 죄와 백성들의 죄 때문에 예배자를 온전하게 성별하는 궁극적인 목적을 성취하기에는 역부족이었습니다. 우리에게 필요한 제사장은 거룩하고, 죄가 없고, 순결하며, 죄인들과 구별되어 하늘 위에 높임을 받으시는 분입니다(히 7:26). 예수님이야말로 진정한 대제사장이십니다. 죄가 없으신 하나님의 아들이 멜기세덱의 반차를 따라 영원한 제사장이 되셨습니다(히 7:17). 흠 없는 하나님의 어린양(요 1:29, 36)이신 예수님은 예배자를 위해 자신을 단번에 속죄 제물로 드리십니다(히 10:10). 예수님은 하나님의 거룩하심을 위해 열심을 다해(요 2:13~17) 희생 공로를 완수하시고, 하늘에서 아버지의 우편에 앉으셨습니다(히 10:12). 우리의 대제사장이신 예수님은 우리를 하나님과 화목하게 하는 과업을 성취하셨습니다. 예수님의 완전한 의로우심이 하나님 아버지께 상달되므로, 우리가 의롭다 여김을 받습니다. 예수님은 아버지 앞에서 우리를 중재하시는 분으로(히 7:25; 9:24), 우리가 믿음을 유지하도록 기도하십니다(눅 22:31~32; 요 17장). 그분 안에서 우리는 죄의 용서와 하나님과의 화목을 발견합니다.

부록 3

왕이신 예수 그리스도

구약성경에서 왕은 어떤 일을 하거나 하지 말아야 했나요?	
해야 할 일	따라야 할 일
• 주님의 선택에 따라 임명되어야 함(신 17:15) • 이스라엘 백성 가운데서 세워져야 함(신 17:15)	• 이스라엘 민족이 아닌 외국인은 왕이 될 수 없음 (신 17:15)
• 율법서의 등사본을 레위 사람 제사장 앞에서 책에 기록해야 함(신 17:18) • 평생 자기 옆에 두고 읽어 하나님 경외하기를 배우며 이 율법의 모든 말과 이 규례를 지켜 행해야 함 (신 17:19)	• 자신을 위해 많은 말을 두어서는 안 됨(신 17:16) • 자신을 위해 많은 아내를 얻어 마음이 미혹되게 해서는 안 됨(신 17:17) • 자신을 위해 많은 은과 금을 쌓아 두어서는 안 됨 (신 17:17) • 형제 위에 교만해서는 안 됨(신 17:20) • 주님의 명령에서 떠나면 안 됨(신 17:20)

예수님은 어떤 일을 하거나 하지 않으셨나요?	
해야 할 일	
왕은 …	예수님은 …
• 율법서의 등사본을 레위 사람 제사장 앞에서 책에 기록해야 함(신 17:18)	• 권위로 가르치시고, 율법을 완전하게 하시며 율법과 예언들을 성취하심(마 5~7장)
• 평생 자기 옆에 두고 읽어 하나님 경외하기를 배우며 이 율법의 모든 말과 이 규례를 지켜 행해야 함(신 17:19)	• 마음에 율법을 새기시고, 율법 인용으로 마귀의 유혹을 이기심(마 4:1~11)
따라야 할 일	
왕은 …	예수님은 …
• 자신을 위해 많은 말을 두어서는 안 됨(신 17:16)	• 예루살렘으로의 '승리의 입성'을 위해 나귀와 어린 나귀 새끼를 빌리심(마 21:1~11)
• 자신을 위해 많은 아내를 얻어 마음이 미혹되게 해서는 안 됨(신 17:17)	• 교회를 신부로 삼으심(계 21장)
• 자신을 위해 많은 은과 금을 쌓아 두어서는 안 됨 (신 17:17)	• 머리를 둘 곳이 없으심(마 8:20)
• 형제 위에 교만해서는 안 됨(신 17:20)	• 섬김의 본으로 제자들의 발을 씻기심(요 13:1~17)
• 주님의 명령에서 떠나면 안 됨(신 17:20)	• 우리와 마찬가지로 모든 면에서 유혹을 받으셨지만 죄가 없으심(히 4:15)

예수님은 어떻게 해서 영원한 왕이십니까?	
다윗 언약	**다윗의 아들이신, 예수님**
• 주님은 다윗을 위해 집 곧 왕조를 세우시고, 왕좌에 앉을 후손을 일으키실 것임(삼하 7:11~12)	• 약속된 다윗의 자손이요, 메시아요, 왕이심 (마 1:1~17)
• 다윗의 후손은 주님의 이름을 위해 여호와의 집 곧 성전을 지을 것임(삼하 7:13)	• 주님의 거룩을 위한 열심으로 성전을 깨끗하게 하심. 자기 자신을 삼 일 만에 일으킬 하나님의 성전으로 선포하심(요 2:13~22)
• 주님은 다윗의 후손에게 아버지가 되실 것이고, 그는 주님의 아들이 될 것임(삼하 7:14)	• 하나님의 사랑하는 아들이심 (마 3:16~17; 17:5; 눅 1:30~33; 히 1:5)
• 주님은 다윗의 후손을 징계하시지만, 그들에게서 하나님의 신실하신 사랑을 거두지는 않으실 것임 (삼하 7:14~15)	• 자기 양들을 위해 목숨을 버리는 선한 목자이시며, 죄로부터 그들을 구원하심. 그러므로 그들은 결코 하나님의 신실하신 사랑을 잃지 않을 것임 (마 26:26~29; 요 10:11~18, 27~30)
• 다윗의 집과 나라가 영원히 보전되고, 그의 왕위가 영원히 견고할 것임(삼하 7:16)	• 예수님은 하늘과 땅의 모든 권세를 받으셨으며, 세상 끝날까지 제자들과 항상 함께하심 (마 28:18~20; 눅 1:32~33)

태초부터 하나님은 자신의 형상을 지닌 피조물인 인간이 창조 질서를 다스리기를 기대하셨습니다. 그러나 그들은 죄로 인해 에덴동산에서 추방되었고, 세상을 다스리시는 만왕의 왕으로부터 분리되어 고통과 고난과 불의를 겪게 되었습니다. 하나님이 아브라함과 다윗에게 약속하신 것처럼, 언젠가 거룩하고 의로운 왕이신 예수님이 모든 것을 바로잡으러 오실 것입니다. 초림 때 하나님 아들의 완벽한 순종과 희생적 죽음은 부활로 입증되었으며, 주님은 하늘과 땅의 모든 권세를 받으셨습니다. 하나님 아버지의 오른편 보좌에서 대적들이 그의 발판이 되기까지(시 110:1), 주님은 하나님 나라의 복음을 선포하기 위해 자신의 대사들에게 성령을 부어 주십니다. 십자가에 못 박히시고 부활하신 왕께서는 죄와 죽음에서 승리를 얻으셨습니다. 그러므로 예수님의 평화가 그분을 따르는 자들을 다스리며, 예수님의 재림 때 모든 피조물 위에 머무를 것입니다.

부록 4

예수님의 고난

구약성경(모세와 모든 선지자)에 따르면, 메시아는 이런 고난을 겪고 영광으로 들어가야 합니다(눅 24:26~27).

예수님의 고난	구약성경의 예언	예수님의 제자가 받는 고난	예수님의 제자가 따라야 할 본과 명령
• **시험받으심** **(마 4:1~11; 히 2:18)**	• 첫 아담이 시험받음(창 3:1~7) • 이스라엘이 광야에서 시험받음 (민 1~36; 신 1~34)	• 인류에게는 내부에서건 외부에서건 유혹이 있음 (고전 10:1~13; 약 1:14~15)	• 하나님의 신실하심과, 피할 길을 주심과, 시험을 벗어나게 하실 것을 믿으라 (고전 10:13~14) • 문맥에 따라 성경을 인용하라(마 4:4, 7, 10)
• **배반당하심** **(마 26:14~16, 47~50; 눅 24:7; 요 13:18; 행 1:16)**	• 친구로부터 배반당함(시 41:9) •그들이 은 삼십을 품삯으로 삼음 (슥 11:12~13)	• 예수님의 이름 때문에 가족과 친구로부터 배반당함(눅 21:16~17)	• 예수님의 고난에 참여하는 것을 기뻐하고, 창조주께 의탁하라(벧전 4:13~19)
• **진노의잔의무게를 절실히 느끼심** **(마 26:36~44)**	• 악인을 향한 진노의 잔(시 75:8) • 주님의 분노의 잔(사 51:17~20) • 열방을 향한 진노의 술잔 (렘 25:15~19)		
• **제자들에 의해 버림받으심**(마 26:31, 56) • **베드로에게 부인당하심**(마 26:69~75)	• 목자를 치면 양이 흩어짐(슥 13:7)	•그리스도 안의 형제자매가 서로에게 죄를 지을 수 있음(마 18:15)	• 회개, 화해, 회복, 용서를 구하라 (마 18:15~22; 요 21:15~19)
• **조롱당하시고, 매질당하시고, 거짓 혐의로 고소당하심**(마 26:57~68; 27:27~31, 39~44)	• 멸시, 거절, 억압, 고통 가운데 고난을 당하는 종(사 53:3, 7) • 조롱과 거절을 당하고 비웃음거리가 되는 시편 저자(시 22:6~8)	• 예수님의 이름 때문에 고난과 박해를 당함 (마 5:10~11; 요 15:20~21; 16:33)	• 기뻐하고 담대하라 (마 5:12; 요 16:33) • 위협을 말고, 공의로 심판하시는 분께 맡겨라(벧전 2:21~23)
• **십자가에 못 박혀 우리 대신 하나님의 진노의 잔을 받으심**(마 27:33~50; 요 19:16~37)	• 유월절(주의 만찬)이 새 언약의 떡(주님의 몸)과 잔(주님의 피)으로 새롭게 제정됨(출 11~13장) • 하나님께 버림받음(시 22:1) • 악인에게 찔린 수족(시22:14~18) • 다른 사람의 죄악 때문에 상하고 채찍에 맞는 고난받는 종(사 53:5) • 질고당하여 영혼을 속건제물로 드려 여호와의 뜻을 성취함(사 53:10) •그들이 찌른 자를 바라봄(슥 12:10)		

I

예수님을 기억하는

특별 활동

성탄절

01-A 메시아에 대한 약속을 받았어

이사야는 유다와 예루살렘에 관해 하나님이 보여 주신 계시를 기록했습니다(사 1:1). 하나님은 메시아를 보내겠다고 약속하셨습니다(사 11:1). 신실하신 하나님은 약속대로 예수 그리스도를 이 땅에 보내셨습니다. 우리는 하나님의 약속을 기억할 때 소망을 품고 살아갈 수 있습니다.

- 메모지에 이사야의 예언을 예쁜 글씨체로 써 보고, 여러 번 읽으며 기억해 보세요.

이새의 줄기에서 한 싹이 나며 그 뿌리에서 한 가지가 나서 결실할 것이요 (이사야 11:1)

그날에 이새의 뿌리에서 한 싹이 나서 만민의 기치로 설 것이요 열방이 그에게로 돌아오리니 그가 거한 곳이 영화로우리라 (이사야 11:10)

성탄절

01-B

힘든 일을 하나님께 솔직하게

이스라엘이 남북으로 나뉘고, 북이스라엘은 아시리아에 멸망당한 상황에서 이스라엘 백성은 메시아를 보내겠다고 하신 하나님의 약속을 믿기 어려웠을지도 모릅니다. 그러나 하나님은 약속을 이루셨고, 우리는 그 메시아가 이 땅에 오셨다는 사실을 압니다.

- 최근에 겪은 힘들었던 일을 간략히 그 느낌과 함께 쓰고, 신실하신 하나님을 생각하며 믿음과 감사와 소망의 기도문을 써 보세요.

하나님의 자녀인 나...

"아무리 노력해도 좋은 성적이 안 나와서 마음이 답답하고 힘이 빠져요."

신실하신 하나님...

"우리의 노력을 다 아시는 신실하신 하나님이 선한 열매를 거두게 하실 것입니다."

성탄절

01-C

성탄절을 맞이하는 생각

성탄절이 다가오면 사람들이 즐거워합니다. 무엇 때문에 즐거워할까요?

● 예수님이 없는 성탄절을 기다리는 친구와, 예수님과 함께하는 성탄절을 기대하는 친구의 생각을 비교해 빈칸을 채우고, 내 머릿속 생각을 적어 보세요.

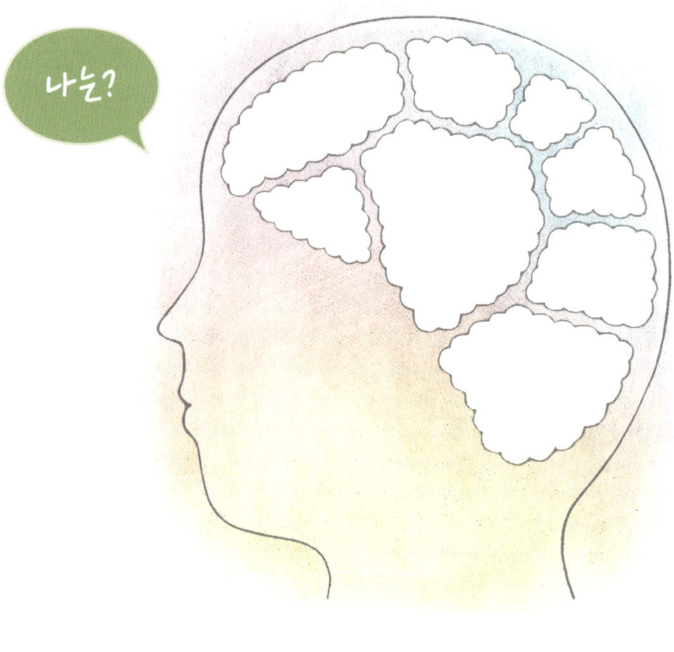

성탄절

01-D

삼행시를 지어 봐!

메시아를 통해 하나님의 공의와 평화가 이 땅에 이루어진다는 것이 성탄절의 중요한 의미입니다.

● 이사야 11장 2~10절을 읽고, 하나님의 뜻을 이루실 메시아의 탄생을 기리는 기발하고도 참신한 삼행시를 지어 보세요.

성

탄

절

메

시

아

성탄절

02-A

예수님의 겸손

사인펜으로 주요 단어를 크게 강조하며 빌립보서 2장 5~7절 말씀을 써 보세요. 빌립보서 2장 5~7절에는 우리가 닮아 가야 할 예수님의 마음이 잘 드러나 있습니다.

- 주요 단어를 강조해서 쓴 예쁜 손글씨를 따라 써 보세요.

너희 안에 이 마음을 품으라
곧 그리스도 예수의 마음이니
그는 근본 하나님의 본체시나
하나님과 동등됨을 취할 것으로
여기지 아니하시고
오히려 자기를 비워
종의 형체를 가지사
사람들과 같이 되셨고

빌립보서 2:5-7

- 겸손하게 이 땅에 오셔서 순종의 본을 보여 주신 예수님의 마음을 기억할 수 있도록 빌립보서 2장 5~7절을 외우며 자신만의 손글씨로 예쁘게 쓰고 꾸며 보세요. 그리고 SNS에 올려 보세요.

성탄절

02-B

'내 마음대로' 포기 프로젝트

예수님은 하나님의 뜻에 순종하여 성자 하나님의 특권을 포기하고 인간이 되셨습니다.

- 성탄을 기념하며 한 주 동안 자신이 기뻐하는 일을 포기하고 하나님이 기뻐하시는 선택을 하기로 결단하는 목표를 적어 보세요.

성탄절

02-C

성탄절은 이 땅에 예수님이 태어나신 기쁜 날입니다. 동시에 우리 죄를 짊어지기 위해 십자가 죽음으로 나아가는 순종의 첫걸음을 떼신 날이기도 합니다.

도전, 나의 캐럴 랩

● 빌립보서 2장 5~11절 말씀을 읽고 나서, 십자가 그림 위에 제시된 단어들을 넣은 '나만의 캐럴 랩'을 만들어 보세요.

성탄절

03-A

예수님을 말하자면…

성탄절은 성자 하나님이 사람이 되어 우리에게 오셔서 하나님의 영광을 드러내신 날입니다. 하나님은 어떤 분이신가요?

- 트리 장식 방울을 색칠하여 꾸미고, 예수님이 어떤 분이신지를 나타내는 요한복음 1장 14절 말씀을 적어 보세요.

말씀이 육신이 되어
우리 가운데 거하시매
우리가 그의 영광을 보니
아버지의 독생자의 영광이요
은혜와 진리가 충만하더라

요한복음 1:14

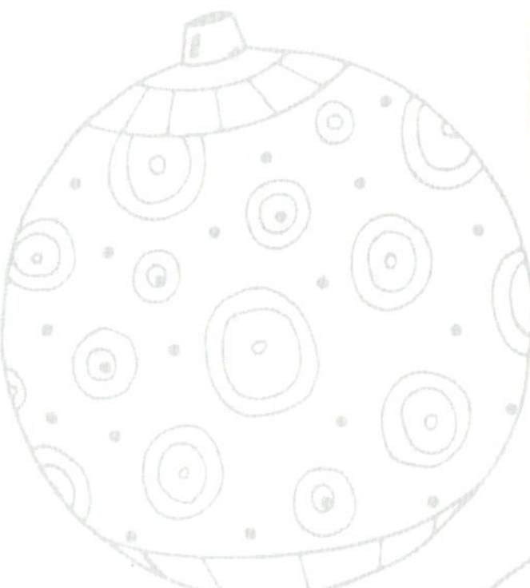

'성육신'이 무엇인가요?
하나님의 뜻에 순종하신 예수님은 어떤 분이신가요?

● 트리 장식 방울에 무늬를 넣어 꾸미고, 예수님이 누구이신지를 알려 주는 요한복음 1장 18절 말씀을 적어 보세요.

본래 하나님을
본 사람이 없으되
아버지 품속에 있는 독생하신
하나님이 나타나셨느니라

요한복음 1:18

성탄절

03-B

요한복음 1장 14~18절은 말씀이 육신이 되어 우리 가운데 거하신 은혜를 고백하고 있습니다.

임마누엘, 함께하시는 하나님

● 다음 말씀의 빈칸을 채우고, 우리와 함께하기 위해 인간이 되신 하나님의 마음을 상상해 보세요.

______이 ______이 되어 우리 가운데 ______하시매 우리가 그의 ______을 보니

아버지의 ______의 영광이요 ______와 ______가 ______하더라

______이 그에 대하여 ______하여 외쳐 이르되 내가 전에 말하기를 내 뒤에 오시는 이가

나보다 앞선 것은 나보다 먼저 계심이라 한 것이 이 사람을 가리킴이라 하니라

우리가 다 그의 충만한 데서 받으니 ______위에 ______러라

율법은 ______로 말미암아 주어진 것이요 은혜와 진리는

______ ______로 말미암아 온 것이라

본래 ______을 본 사람이 없으되 아버지 품속에 있는 ______하신

하나님이 나타내셨느니라 (요한복음 1:14~18)

● 인간이 되신 하나님의 마음을 헤아리는 데 도움이 되는 영화를 함께 관람하고 소감을 나누어 보세요.

1. 내가 만약 창조주라면 피조물이 되었을 때 어떤 느낌이 들었을까요?

______

2. 참하나님이자 참사람이신 예수님은 어떤 모습으로 살아가셨을까요?

______

3. 요한복음 1장 14~18절에 나타난 예수님의 모습을 간단한 문장이나 단어로 적어 보세요.

______

성탄절

03-C

하나님의 영광을 드러내며 살기

예수님은 하나님이 어떤 분이신지를 보여 주셨습니다. 그리스도인은 자기 삶을 통해 하나님이 어떤 분이신지를 보여 주며 살아갑니다. 이것이 바로 하나님의 영광을 드러내는 삶입니다.

- 한 주 동안 하나님을 드러내는 삶을 살아가도록 계획해 보세요.

	Sun	Mon	Tue	Wed	Thu	Fri	Sat
가족							
친구							
학교							
학원							

인증샷 업로드!

#하나님을 드러내는 삶 #삶의 계획

#내 안에 하나님의 영광의 빛이 있다

부활절

04-A

낮아짐으로써 높아지리라

빌립보서 2장 8~11절은 예수님이 자신을 낮추어 높임을 받으셨다는 역설의 진리를 잘 보여 줍니다. 예수님은 성자 하나님으로서의 특권을 모두 버리고 인간으로 오셔서 십자가를 지시고, 수치와 고난을 당하며 죽임당하기까지 낮아지셨습니다. 바로 우리 죄를 사해 주시기 위해서였습니다.

- 지극히 낮아지심으로써 지극히 높임을 받으신 예수님을 찬양하며 다음 말씀들을 쓰고 묵상해 보세요.

빌립보서 2:8

빌립보서 2:9

빌립보서 2:11

빌립보서 2:10

부활절

04-B

겸손하신 예수님처럼

예수님은 겟세마네 기도(마 26:39)를 통해 하나님의 뜻을 따르는 것이 얼마나 힘들고 어려운 일인지를 보여 주셨습니다. 이때 자기 뜻을 내세우지 않고 기꺼이 순종하신 모습은 겸손의 진수입니다. 그럼으로써 십자가에서 죽임을 당하셨지만, 다시 살아나시어 온 세상의 구원자가 되셨습니다.

● 나의 상황, 나의 생각과 하나님의 뜻을 정리하고, 예수님처럼 겸손하게 순종하는 다짐을 기록해 보세요.

나의 상황, 나의 생각

하나님의 뜻(말씀)

겸손하게 순종

부활절

05-A

고난·죽음·부활의 흔적을 따라서

하나님 아버지의 뜻을 따라 구원을 이루신 예수님의 마지막 삶을 묵상해 보세요.

● 예수님의 행적이 적힌 성경 말씀을 읽으며 예수님이 누구이신지를 나타내는 구절에 [노란색], 고난과 멸시를 당하신 구절에 ~~~, 예수님의 말씀과 하신 일을 나타내는 구절에 —— 로 표시해 보세요.

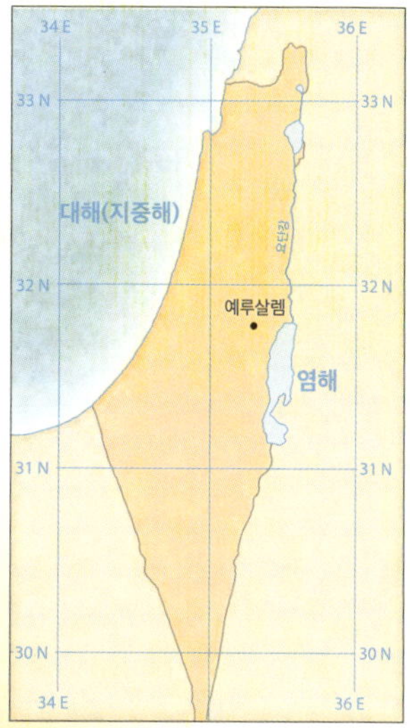

현대 이스라엘 지도

1 가이사랴 빌립보 - 그리스도이심을 밝히심

15이르시되 너희는 나를 누구라 하느
냐 16시몬 베드로가 대답하여 이르되
주는 그리스도시요 살아 계신 하나님
의 아들이시니이다(마 16:15~16)

21이때로부터 예수 그리스도께서 자
기가 예루살렘에 올라가 장로들과 대
제사장들과 서기관들에게 많은 고난
을 받고 죽임을 당하고 제삼일에 살
아나야 할 것을 제자들에게 비로소
나타내시니(마 16:21)

2 예루살렘 - 예수님의 예루살렘 입성

9앞에서 가고 뒤에서 따르는 무리가
소리 높여 이르되 호산나 다윗의 자
손이여 찬송하리로다 주의 이름으로
오시는 이여 가장 높은 곳에서 호산나
하더라 10예수께서 예루살렘에 들어
가시니 온 성이 소동하여 이르되 이
는 누구냐 하거늘(마 21:9~10)

2너희가 아는 바와 같이 이틀이 지나
면 유월절이라 인자가 십자가에 못
박히기 위하여 팔리리라 하시더라(마
26:2)

③ 겟세마네 - 겟세마네 기도와 잡히심

39조금 나아가사 얼굴을 땅에 대시고 엎드려 기
도하여 이르시되 내 아버지여 만일 할 만하시거든
이 잔을 내게서 지나가게 하옵소서 그러나 나의 원
대로 마시옵고 아버지의 원대로 하옵소서 하시고(마
26:39)

55그때에 예수께서 무리에게 말씀하시되 너희가 강도
를 잡는 것 같이 칼과 몽치를 가지고 나를
잡으러 나왔느냐 내가 날마다 성전에 앉아
가르쳤으되 너희가 나를 잡지 아니하였도다
56그러나 이렇게 된 것은 다 선지자들의 글을
이루려 함이니라 하시더라 이에 제자들이 다
예수를 버리고 도망하니라(마 26:55~56)

④ 대제사장 가야바의 집 - 베드로의 부인

54예수를 잡아 끌고 대제사장의 집으로 들어갈
새 베드로가 멀찍이 따라가니라 55사람들이 뜰 가운데
불을 피우고 함께 앉았는지라 베드로도 그 가운데 앉
았더니 56한 여종이 베드로의 불빛을 향하여 앉은 것
을 보고 주목하여 이르되 이 사람도 그와 함께 있었느
니라 하니 57베드로가 부인하여 이르되 이 여자여 내
가 그를 알지 못하노라 하더라(눅 22:54~57)

⑤ 공회(산헤드린 공회) - 유대 지도자들의 심문

66날이 새매 백성의 장로들 곧 대제사장들과 서
기관들이 모여서 예수를 그 공회로 끌어들여 67이르되
네가 그리스도이거든 우리에게 말하라 대답하시되 내
가 말할지라도 너희가 믿지 아니할 것이요 68내가 물
어도 너희가 대답하지 아니할 것이니라 69그러나 이제
부터는 인자가 하나님의 권능의 우편에 앉아 있으리
라 하시니 70다 이르되 그러면 네가 하나님의 아들이
냐 대답하시되 너희들이 내가 그라고 말하고 있느니
라 71그들이 이르되 어찌 더 증거를 요구하리요 우리
가 친히 그 입에서 들었노라 하더라(눅 22:66~71)

⑥ 빌라도의 법정 - 빌라도의 심문

1무리가 다 일어나 예수를 빌라도에게 끌고 가서
2고발하여 이르되 우리가 이 사람을 보매 우리 백성을
미혹하고 가이사에게 세금 바치는 것을 금하며 자칭
왕 그리스도라 하더이다 하니 3빌라도가 예수께 물어
이르되 네가 유대인의 왕이냐 대답하여 이르시되 네
말이 옳도다 4빌라도가 대제사장들과 무리에게 이르
되 내가 보니 이 사람에게 죄가 없도다 하니 5무리가
더욱 강하게 말하되 그가 온 유대에서 가르치고 갈릴
리에서부터 시작하여 여기까지 와서 백성을 소동하게
하나이다(눅 23:1~5)

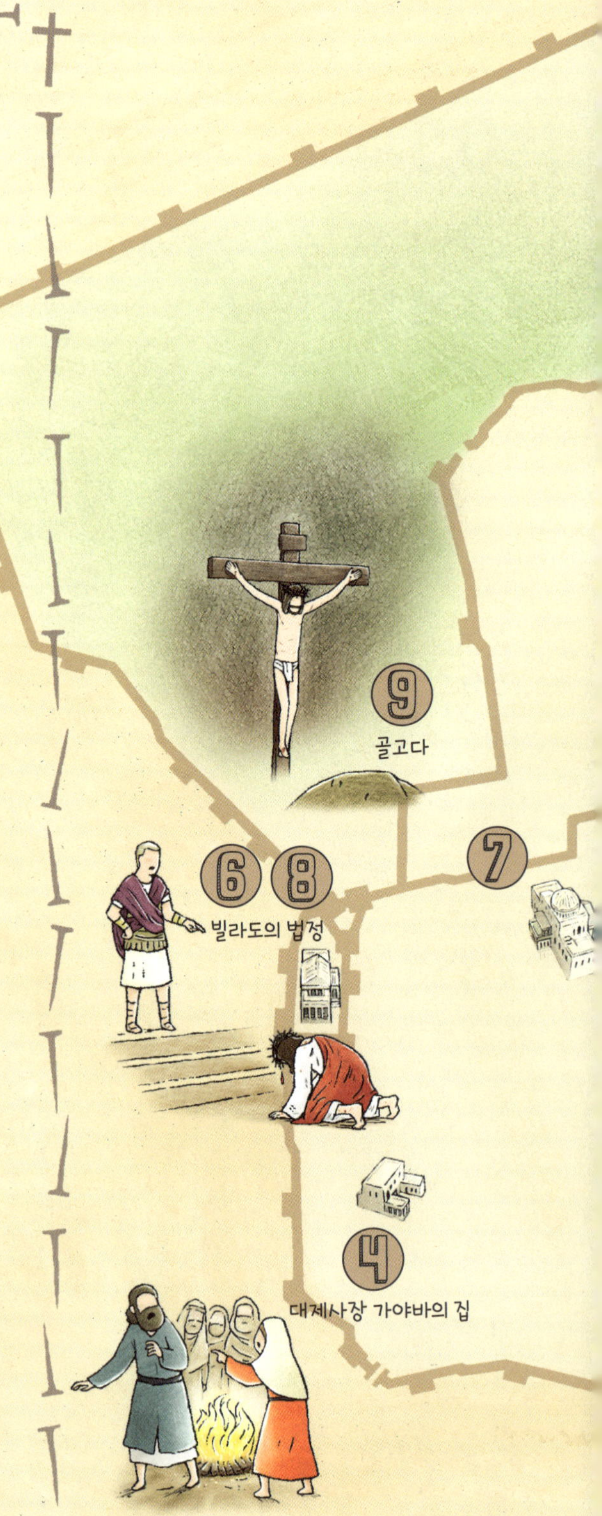

7 헤롯 안티파스궁 - 헤롯의 심문

6빌라도가 듣고 그가 갈릴리 사람이냐 물어 7헤롯의
관할에 속한 줄을 알고 헤롯에게 보내니 그때에 헤롯이 예
루살렘에 있더라 8헤롯이 예수를 보고 매우 기뻐하니 이는
그의 소문을 들었으므로 보고자 한 지 오래였고 또한 무엇
이나 이적 행하심을 볼까 바랐던 연고러라 9여러 말로 물
으나 아무 말도 대답하지 아니하시니 10대제사장들과 서기
관들이 서서 힘써 고발하더라(눅 23:6~10)

8 다시 빌라도의 법정 - 빌라도의 선고

11헤롯이 그 군인들과 함께 예수를 업신여기며 희롱
하고 빛난 옷을 입혀 빌라도에게 도로 보내니(눅 23:11)

26이에 바라바는 그들에게 놓아주고 예수는 채찍질하고
십자가에 못 박히게 넘겨 주니라 27이에 총독의 군병들이
예수를 데리고 관정 안으로 들어가서 온 군대를 그에게로
모으고 28그의 옷을 벗기고 홍포를 입히며 29가시관을 엮
어 그 머리에 씌우고 갈대를 그 오른손에 들리고 그 앞에
서 무릎을 꿇고 희롱하여 이르되 유대인의 왕이여 평안할
지어다 하며 30그에게 침 뱉고 갈대를 빼앗아 그의 머리를
치더라 31희롱을 다 한 후 홍포를 벗기고 도로 그의 옷을
입혀 십자가에 못 박으려고 끌고 나가니라(마 27:26~31)

9 골고다 - 십자가에 달리심과 부활

33해골이라 하는 곳에 이르러 거기서 예수를 십자가
에 못 박고 두 행악자도 그렇게 하니 하나는 우편에, 하나
는 좌편에 있더라(눅 23:33)

44때가 제육시쯤 되어 해가 빛을 잃고 온 땅에 어둠이 임하
여 제구시까지 계속하며 45성소의 휘장이 한가운데가 찢어
지더라 46예수께서 큰 소리로 불러 이르시되 아버지 내 영
혼을 아버지 손에 부탁하나이다 하고 이 말씀을 하신 후
숨지시니라(눅 23:44~46)

53이를 내려 세마포로 싸고 아직 사람을 장사한 일이 없는
바위에 판 무덤에 넣어 두니(눅 23:53)

5천사가 여자들에게 말하여 이르되 너희는 무서워하지 말
라 십자가에 못 박히신 예수를 너희가 찾는 줄을 내가 아
노라 6그가 여기 계시지 않고 그가 말씀하시던 대로 살아
나셨느니라 와서 그가 누우셨던 곳을 보라(마 28:5~6)

10이에 예수께서 이르시되 무서워하지 말라 가서 내 형제
들에게 갈릴리로 가라 하라 거기서 나를 보리라 하시니라
(마 28:10)

10 갈릴리 - 부활하신 예수님이 제자들에게 나타나심

16열한 제자가 갈릴리에 가서 예수께서 지시하신 산
에 이르러 17예수를 뵈옵고 경배하나 아직도 의심하는 사
람들이 있더라 18예수께서 나아와 말씀하여 이르시되 하늘
과 땅의 모든 권세를 내게 주셨으니(마 28:16~18)

부활절

05-B

너희는 나를 누구라 하느냐?

나는 예수님을 누구라고 고백하나요? 마태복음 16장 13~20절의 예수님과 제자들의 대화를 통해 예수님이 누구이신지를 살피며 만화를 그려 보세요.

- 등장인물들의 마음을 헤아리면서 대사를 정리하고 장면을 구성해 보세요.

등장인물 (마 16:13~20)

<1>

해 설: 13예수께서 빌립보 가이사랴 지방에 이르러 제자들에게 물어 이르시되

예수님: 사람들이 인자를 누구라 하느냐

제자들: (14이르되) 더러는 세례 요한, 더러는 엘리야, 어떤 이는 예레미야나 선지자 중의 하나라 하나이다

<2>

예수님: (15이르시되) 너희는 나를 누구라 하느냐

베드로: (16시몬 베드로가 대답하여 이르되) 주는 그리스도시요 살아 계신 하나님의 아들이시니이다

예수님: (17예수께서 대답하여 이르시되) 바요나 시몬아 네가 복이 있도다 이를 네게 알게 한 이는 혈육이 아니요 하늘에 계신 내 아버지시니라 18또 내가 네게 이르노니 너는 베드로라 내가 이 반석 위에 내 교회를 세우리니 음부의 권세가 이기지 못하리라 19내가 천국 열쇠를 네게 주리니 네가 땅에서 무엇이든지 매면 하늘에서도 매일 것이요 네가 땅에서 무엇이든지 풀 면 하늘에서도 풀리리라 (하시고)

<3>

예수님: (20이에 제자들에게 경고하사 자기가) 그리스도인 것을 아무에게도 이르지 말라 (하시니라)

● 각 인물의 개성을 잘 살려 간추린 대사와그림을 넣어 만화를 꾸며 보세요.

부활절

05-c

예수님과 함께 부활하리라

'부활하신 예수님을 믿는다는 것'은 죄인 된 내가 십자가에서 예수님과 함께 죽고, 예수님과 함께 다시 살아난다는 것을 의미합니다. '예수님과 함께 죽는다'는 것은 자신이 삶의 주인이 되어 자기 뜻대로 살아가지 않고, 하나님 뜻대로 살아가는 것을 뜻합니다.

● 베드로와 바울의 고백이 담긴 말씀 카드를 만들어 보세요.

>> 시몬 베드로가 대답하여 이르되
주는 그리스도시요
살아 계신 하나님의 아들이시니이다
_ 마태복음 16:16

>> 내가 그리스도와 함께
십자가에 못 박혔나니
그런즉 이제는 내가 사는 것이 아니요
오직 내 안에 그리스도께서
사시는 것이라
이제 내가 육체 가운데 사는 것은
나를 사랑하사 나를 위하여
자기 자신을 버리신
하나님의 아들을 믿는
믿음 안에서 사는 것이라
_ 갈라디아서 2:20

베드로와 바울의 고백처럼 예수님을 그리스도로 고백하고 삶의 주인으로 모시면, 하나님의 뜻에 순종하는 의인의 삶을 살게 됩니다.

● 베드로와 바울의 고백은 부활하신 예수님을 구주로 영접한 그리스도인의 신앙 고백입니다. 빈칸에 자기 이름을 넣어 말씀을 완성해 보세요.

________ (이)가 대답하여 이르되 주는 그리스도시요 살아 계신 하나님의 아들이시니이다 (마 16:16)

________ (이)가 그리스도와 함께 십자가에 못 박혔나니

그런즉 이제는 ________ (이)가 사는 것이 아니요 오직 ________ 안에

그리스도께서 사시는 것이라 이제 ________ (이)가 육체 가운데 사는 것은

________ (이)를 사랑하사 ________ (이)를 위하여 자기 자신을 버리신

하나님의 아들을 믿는 믿음 안에서 사는 것이라 (갈 2:20)

● 베드로나 바울처럼 십자가에서 죽으시고 부활하신 예수님을 구주로 영접하고, 예수님과 동행하는 삶을 살 수 있도록 성령님의 도우심을 구하며 기도해 보세요.

부활절

06-A

부활은 진짜 뉴스!

고린도전서 15장 1~11절은 부활의 증거와 이유, 증인의 삶을 보여 줍니다. 예수님은 십자가에서 죽으시고 다시 살아나심으로써 부활의 첫 열매가 되셨습니다.

● 신문 이름을 정하고, 말씀의 단락을 나누어 신문 기사처럼 말씀을 쓰고, 기사의 제목과 소제목을 붙여 주세요.

제15판 고린도 맑음 56년

[1]형제들아 내가 너희에게 전한 복음
을 너희에게 알게 하노니 이는 너희
가 받은 것이요 또 그 가운데 선 것이
라 [2]너희가 만일 내가 전한 그 말을
굳게 지키고 헛되이 믿지 아니하였
으면 그로 말미암아 구원을 받으리
라 [3]내가 받은 것을 먼저 너희에게 전
하였노니

4

5

6

7

8

[9]나는 사도 중에 가장 작은 자라 나는
하나님의 교회를 박해하였으므로 사
도라 칭함 받기를 감당하지 못할 자
니라

10

11

부활절

06-B

예수님의 부활을 온 세상에 외쳐요!

그리스도인은 그리스도의 재림 때 부활의 약속이 이루어질 것을 믿으며 살아갑니다. 그러므로 타락한 세상에서 고통받는 그리스도인들에게 예수님의 부활은 참 소망이 됩니다!

● 고린도전서 15장 20~26절을 읽고, 부활의 기쁜 소식을 담은 카드를 꾸며 어려움과 고통 가운데 있는 사람들에게 소망을 전하세요!

20그러나 이제 그리스도께서 죽은 자 가운데서 다시 살아나사 잠자는 자들의 첫 열매가 되셨도다 21사망이 한 사람
으로 말미암았으니 죽은 자의 부활도 한 사람으로 말미암는도다 22아담 안에서 모든 사람이 죽은 것같이 그리스도
안에서 모든 사람이 삶을 얻으리라 23그러나 각각 자기 차례대로 되리니 먼저는 첫 열매인 그리스도요 다음에는 그
가 강림하실 때에 그리스도에게 속한 자요 24그 후에는 마지막이니 그가 모든 통치와 모든 권세와 능력을 멸하시고
나라를 아버지 하나님께 바칠 때라 25그가 모든 원수를 그 발아래에 둘 때까지 반드시 왕 노릇 하시리니 26맨 나중에
멸망받을 원수는 사망이니라 (고전 15:20~26)

Jesus died and rose again!

부활절

06-C

예수님 중심으로 살아가기

기독교는 예수 그리스도의 부활을 믿는 종교입니다. 우리는 우리의 믿음을 날마다 입술로 고백하며 그 믿음을 실천하며 살아가는 그리스도인입니다.

● 예수님은 어떤 분이신지, 그분이 행하신 일이 나에게 어떤 의미가 있는지 질문에 답하며 생각해 보세요.

예수님의 죽음과 부활이 복음의 핵심인 이유는 무엇인가요?

하나님 자녀로서 예수님과 동행하며 부활을 전하는 거룩한 삶을 살고 있나요?

왜 우리 삶에 복음이 필요할까요?

● 예수님을 내 마음의 중심에 모시고 거룩하게 살기를 간구하는 기도문을 써 보세요.

거룩하게 살기를 **간구**하는 **기도문**

Jesus-Centered Life